NOUVELLES

~~CAUSES~~ CÉLÈBRES

FRANÇAISES ET ÉTRANGÈRES

OU

REVUE MENSUELLE

DES

PLUS INTÉRESSANTS PROCÈS

CRIMINELS, CORRECTIONNELS, CIVILS ET COMMERCIAUX,

Recueillis et mis en ordre

PAR A, G***.

PREMIÈRE LIVRAISON,

Contenant : *Cours d'Assises.* — Ducros : Assassinat de Mᵉ Vᵉ Sénepart ; condamnation à mort, exécution.— Reynaud et Clergeaud : Empoisonnement d'un mari par sa femme, de complicité avec son amant.— Debril : Assassinat d'une femme par son mari. — Rosenn-Mayer : Bigamie.—*Police correctionnelle.*— Gayaut et Boucher : Adultère, etc., etc.—*Tribunal civil de la Seine.* —Bernet : Séparation de corps.— *États Romains.* — Conti : Un commissaire de police chef de voleurs.

PRIX : 50 CENT.

PARIS

LIBRAIRIE DU PASSAGE D'HARCOURT,
RUE DE LA HARPE, 95,
et chez tous les Marchands de nouveautés et de pittoresques.

MAI 1844.

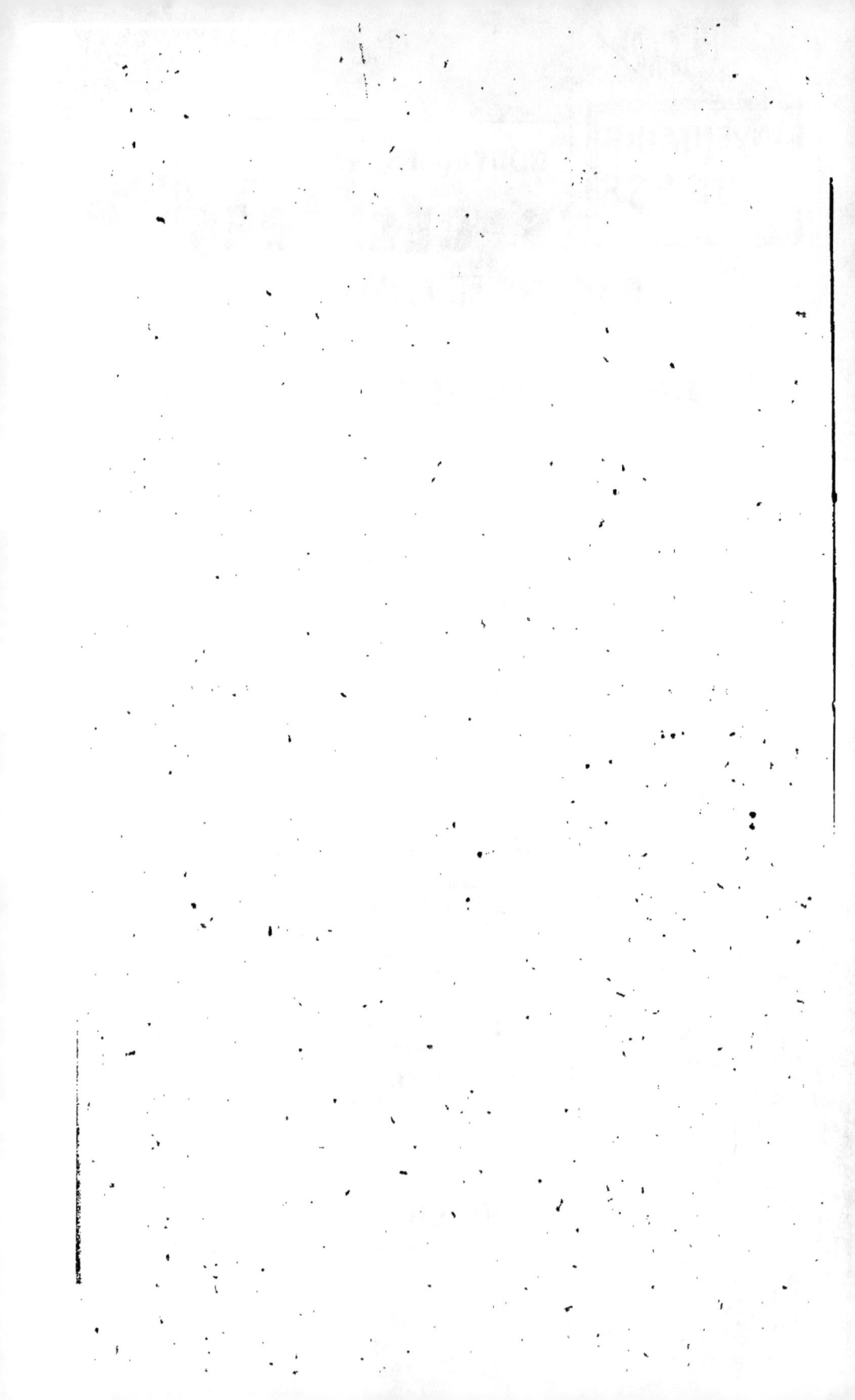

NOUVELLES

CAUSES CÉLÈBRES

FRANÇAISES ET ÉTRANGÈRES

OU

REVUE MENSUELLE

DES

PLUS INTÉRESSANTS PROCÈS

CRIMINELS, CORRECTIONNELS, CIVILS ET COMMERCIAUX,

Recueillis et mis en ordre

PAR A. G***.

1re Livraison.

PARIS

LIBRAIRIE DU PASSAGE D'HARCOURT,
RUE DE LA HARPE, 93,
et chez tous les Marchands de nouveautés et de
pittoresques.

MAI 1844.

NOUVELLES
CAUSES CÉLÈBRES.

COUR D'ASSISES DE LA SEINE.

Audience du 9 mars 1844.

AFFAIRE DUCROS.

ASSASSINAT DE MADAME VEUVE SÉNEPART.

Dès avant huit heures du matin, une foule nombreuse encombre et assiége pour ainsi dire les abords de la Cour d'assises. La jeunesse de l'accusé que l'on va juger, la position sociale de la victime, les circonstances exceptionnelles qui ont accompagné et suivi l'assassinat, tout, en effet, justifie l'empressement du public.

A dix heures, les portes de la Cour d'assises sont ouvertes au public. Une foule de jeunes avocats en robe se précipite dans l'enceinte et envahit en un instant les places réservées au barreau. Bon nombre de dames élégamment parées se font aussi remarquer parmi les spec-tateurs.

A dix heures et demie, l'accusé est intro-duit, il a presque l'air d'un enfant; son air doux, sa tenue modeste forment le plus étrange contraste avec le crime qu'il a commis et le

sangfroid dont il a fait preuve pendant l'instruction. Sa toilette est élégante et même re-
cherchée : il porte une redingotte de drap
noir, une cravate de satin sur laquelle est ra-
battu son col de chemise, un gilet de velours;
ses cheveux, châtain-clair, sont disposés avec
soin. Sa physionomie est un mélange de ruse
et de modestie, d'un caractère assez indéfinis-
sable; mais en le considérant avec attention,
on découvre dans la contraction de sa bouche
et dans ses paupières bordées de rouge quelques
indices qui se rapportent à la nature de l'accusation qui pèse sur lui. Son front, d'ailleurs,
est régulier, et la couleur de son teint agréable.

La Cour entre en séance, composée de
M. POULTIER, président, ayant pour assesseurs
M. DELAHAYE et M. DEQUEVAUVILLIERS, con-
seillers.

M. l'avocat-général JALLON occupe le siége
du ministère public.

MM^{es} DUGABÉ et PINÈDE sont au banc de
la défense.

Au moment où la Cour entre en séance, de
tous côtés se font entendre les cris : en place !
silence ! assis ! à la porte !

M. le président, debout et de l'air le plus sévère : De pareils cris en un semblable moment sont tout ce qu'il y a de plus scandaleux
et même de plus barbare. Nous ne sommes pas
ici au spectacle; tout le monde doit apporter
une grande gravité dans la tenue, et témoi-
gner ainsi de son respect pour la justice. —
(S'adressant à l'accusé) : Accusé, comment
vous nommez-vous?

L'accusé. Marie-Honoré Ducros.

D. Votre âge? — R. Vingt ans.

D. Votre lieu de naissance?— R. Toulouse.

D. Votre profession ? — R. Elève en pharmacie.

M. le président. Quel est cet homme que nous voyons assis au banc de la défense ?

M⁰ Pinéde. C'est le père de l'accusé. (Mouvement.)

M. le président. Ce n'est pas ici sa place. Nous ne comprenons pas qu'on ait pu , sans nous consulter, le faire entrer dans cette enceinte.

M. l'avocat-général. C'est sans doute pour se ménager l'occasion de faire du drame; ce moyen est connu.

M. le président. Qu'on fasse retirer ce malheureux père; nous sommes ici pour faire de la justice et non de la sensibilité.

Le père de Ducros se retire les larmes aux yeux, et après avoir embrassé son fils avec effusion.

M. le président. Accusé, soyez attentif à la lecture qui va être faite de l'acte d'accusation dressé contre vous.

M. le greffier DUCHESNE donne lecture de l'arrêt de renvoi et de l'acte d'accusation , dont l'étendue est considérable, et d'où résultent les faits suivants :

La dame Nathalie de Loëne, veuve du sieur Sénepart, ancien directeur du théâtre de l'Ambigu-Comique, âgée de soixante-quatorze ans, occupait depuis plusieurs années un appartement au troisième étage, boulevart du Temple, 24. Elle vivait seule, aidée seulement dans les soins de son ménage par une femme âgée nommée Rose Chandrivot, demeurant dans la même maison, qui, chaque matin, après lui avoir apporté quelques provisions pour son déjeûner, se retirait au bout d'une demi-heure environ. Le soir, à six heures, la dame Sénepart allait dîner chez un traiteur voisin, qui la faisait accompagner lorsqu'elle se retirait, et rentrait chez elle à neuf heures. Elle vivait d'une pension de 1,500 francs qui lui était payée par son fils, le sieur Virgile Sénepart, qui avait fait auprès d'elle d'inutiles efforts pour la déterminer à prendre une domestique dont il offrait de payer les gages. A la suite de ce refus obstiné, qui remontait à trois ans, la mère et le fils avaient cessé de se voir.

Le vendredi 8 décembre, la femme Chandrivot se présenta entre sept et huit heures du matin, suivant son usage, à la porte de l'appartement ; mais elle sonna en vain à plusieurs reprise ; inquiète de ce silence, elle en instruisit la femme Josse, concierge, qui, de son côté, lui dit n'avoir pas vu la veuve Sénepart depuis la veille, à trois heures de l'après-midi. Elles s'empressèrent d'avertir un de ses amis, le docteur Troncin qui, en présence d'un employé au commissariat de police et de la femme Josse, fit ouvrir par un serrurier la porte, qui n'était fermée qu'au pène. La première pièce, servant de salle à manger, et la chambre à coucher qui y fait suite, ne présentaient aucune trace de désordre : le lit n'avait pas été occupé. Mais dès qu'on eut pénétré dans le salon auquel communique la chambre à coucher, le corps de la veuve Sénepart, gisant sur le tapis presque au milieu de la pièce, s'offrit aux regards ; des marques nombreuses de strangulation furent aussitôt reconnues par le docteur Troncin, et le commissaire de police s'empressa de venir constater, par des procès-verbaux l'état des lieux et celui du cadavre.

La veuve Sénepart était complétement vêtue ; son bonnet, rejeté en arrière et paraissant avoir été froissé, laissait la tête découverte ; les brides de ce bonnet étaient retenues par une agrafe qui avait pénétré dans la peau. Un châle fond noir, soigneusement croisé sur la poitrine, était, à l'un des coins, plissé et encore empreint d'humidité produite par une matière jaunâtre, comme s'il eût été introduit en tampon dans la bouche.

Sur un fauteuil auprès du secrétaire, on trouva une quittance du dernier terme de loyer et une boîte longue et vide en ferblanc, sur le couvercle de laquelle se lisaient les mots suivants : « Rouleau de 300 francs pour me faire enterrer, DE LOENE, veuve *Sénepart*. » Sur un autre fauteuil, un sac à fermoir d'acier contenant un trousseau de cinq clés, dont l'une était celle du secrétaire, qui fut ouvert par le commissaire de police ; ce meuble ne renfermait aucune valeur, quoique, suivant une note de la veuve Sénepart, le tiroir du milieu dût contenir un rouleau de 200 francs destinés aux frais de son enterrement, deux bourses et un sac où était placé l'argent pour payer le terme de janvier, les frais de maladie et les dépenses courantes. Les deux bourses et le sac étaient vides.

Si ces circonstances prouvaient qu'un vol avait eu lieu, l'examen et l'autopsie du cadavre établirent avec non moins de certitude que la mort de la veuve Sénepart était le résultat d'un crime. Suivant le rapport des médecins, de nombreuses excoriations à la face, aux lèvres, autour du cou, à la base de la langue et à sa surface antérieure, attestaient que la mort avait été causée par une asphyxie rapide; que cette asphyxie avait été la conséquence d'une pression violente du larynx, en même temps que la langue était refoulée avec force dans l'arrière-bouche. Les traces particulières existant à la surface du cou indiquaient qu'une pression énergique sur le larynx et une asphyxie par suffocation avaient été produites par les ongles et les doigts de l'individu qui avait donné la mort.

Dès les premiers moments, un jeune homme qui était venu la veille, à trois reprises différentes, demander la dame Sénepart, fut signalé par la femme Josse, portière. Elle l'avait déjà vu venir une fois à une époque rapprochée; et le jeudi 7, après s'être présenté à midi et à deux heures, sans rencontrer la dame Sénepart, il était revenu une troisième fois vers trois heures, au moment où elle rentrait. La femme Josse était alors sur l'escalier; elle le vit monter et descendre un quart-d'heure après avec une rapidité qu'elle remarqua; il avait à

la main une canne à pomme d'argent ciselée.
Lors de sa première visite, il portait un manteau doublé de tartan écossais. Depuis ce moment, personne n'était monté chez la dame
Sénepart, et depuis ce moment aussi, elle n'a-
vait été vue par personne.

Le signalement de cet individu se rappor-
tait parfaitement à un jeune homme originaire de Toulouse, arrivé de cette ville à
Paris, le samedi 2 décembre, par les Message-
ries Caillard, et qui, le dimanche, s'était présenté à onze heures du matin chez le sieur Sénepart fils, sous le nom de *Pagès* ou *Magnès*,
porteur d'un billet écrit par le sieur Frédéric
Sénepart, officier supérieur de cavalerie en
retraite, qui invitait son neveu à faire bon
accueil à celui qu'il lui adressait. Il avait montré une lettre qu'il devait remettre à la dame
veuve Sénepart de la part d'une des filles du
sieur Frédéric. Invité à dîner pour le même
jour, il avait accepté et passé la soirée avec
la famille du sieur Virgile Sénepart, auquel il
dit n'avoir pas eu le temps de porter ce jour la
lettre destinée à sa mère. Le lendemain, lundi,
il s'était en effet rendu chez elle ; il lui avait
remise cette lettre, que deux jours après la
dame Sénepart faisait lire à sa belle-fille, qui,
suivant son habitude au commencement de
chaque mois, lui avait apporté sa pension.

Ce jeune homme était revenu le jeudi 7 décembre, à six heures un quart, chez le sieur
Sénepart : il paraissait pâle, fatigué, avait toujours les yeux fixés sur la pendule, et il garda
le silence sur la visite par lui faite, d'après la

déclaration de la femme Josse, le jour même, à la veuve Sénepart.

Les soupçons de la portière de la maison, du fils de la victime, s'étaient arrêtés sur cet individu qui devint l'objet des recherches les plus actives. Mais son véritable nom était ignoré, et l'instruction ne tarda pas à démontrer que les noms de *Pagès* ou *Magnès*, indiqués par le sieur Sénepart, ne lui appartenaient pas.

Cependant on apprit qu'il s'était présenté le mercredi 6, rue d'Orléans, au Marais, chez les dames Gibon et Roussille, et qu'il leur avait remis une lettre de la demoiselle Mathilde Sénepart. Pendant le cours de la visite, il parla de celle qu'il avait faite deux jours auparavant à la dame Sénepart. Lorsqu'il se retira, on lui accorda, sur sa demande, la permission de revenir : on ne l'avait pas revu depuis ; mais, dans la prévision d'une nouvelle visite, une surveillance fut établie autour de la maison, où, le lundi 11, peu d'instant après y être entré, fut arrêté l'individu qu'on attendait, et qui déclara se nommer Honoré Ducros, élève en pharmacie, et demeurant rue des Maçons-Sorbonne, 23. Il fut confronté immédiatement avec le sieur Sénepart fils et avec la femme Josse. L'un et l'autre le reconnurent de la manière la plus positive.

Ducros répondit avec beaucoup de calme et d'impassibilité que la portière se trompait, qu'il n'était pas allé, le 7 décembre, chez la dame Sénepart; il convint cependant s'être présenté et avoir dîné le dimanche chez le sieur Virgile Sénepart, y être revenu le jeudi dans la soirée; mais il soutint n'avoir pris ni dans l'une ni dans l'autre de ces visites, soit le nom de *Pagès*, soit le nom de *Magnès*.

Une perquisition dans sa chambre, rue des Maçons-Sorbonne, hôtel du Jura, où habitaient deux de ses compatriotes, les sieurs Gineston et Destrem, et où il était venu lui-même prendre un logement le vendredi 8 décembre, n'avait eu d'autres résultats que la saisie d'un manteau et d'une canne semblables à ceux signalés par les témoins, lorsque le sieur Gineston demanda à faire une déclaration particulière, il fit connaître aux magistrats qu'ayant reçu, le dimanche 3, un billet de Ducros qui lui annonçait son arrivée à Paris. Il était allé le trouver le lendemain à l'hôtel d'Orléans, rue d'Orléans-Saint-Honoré, où il logeait. Là Ducros lui annonça qu'il était brouillé avec sa famille et ruiné; qu'il ne lui restait que 80 francs, de 300 francs à lui remis par son père lors de son départ; que pour sortir de cette situation, il allait emprunter de l'argent à l'abbé Bourrel, son parent, prédicateur à Saint-Sulpice. Plus tard, et le même jour, se trouvant pour la seconde fois avec le sieur Gineston, il lui parla de l'arrivée prochaine à Paris de sa maîtresse, qui avait 5 ou 600 francs d'économies. Le sieur Gineston, depuis le lundi 4, n'avait pas revu Ducros, lorsque dans la matinée du vendredi 8 décembre, celui-ci vint le trouver à l'hôtel de la rue des Maçons-Sorbonne, et lui dit avoir vu M. l'abbé Bourrel, qui lui avait donné 80 francs et de bons conseils; qu'en outre, sa maîtresse lui avait envoyé de Toulouse une somme de 300 francs ; il tirait en même temps de sa poche un rouleau qu'il remettait à Gineston en lui disant : *Tiens, prends-le, car je le dépenserais.* Ce rouleau, enveloppé dans du papier gris, cacheté aux extrémités avec de la cire noire, fut placé par le sieur Gineston dans son secrétaire.

Pendant la journée qu'ils passèrent ensemble, Ducros manifesta l'intention de venir occuper une chambre dans l'hôtel garni où logeait son compatriote. Il y fit transporter ses effets et s'y installa immédiatement. Le lundi, le sieur Gineston ayant, en ouvrant son secrétaire, jeté les yeux sur le rouleau dont il était dépositaire, remarqua qu'il portait l'adresse de Ducros, et que cette adresse était de la main de ce dernier. Cette circonstance et la forme irrégulière du rouleau excitèrent ses soupçons sur le contenu. L'ayant ouvert à l'une des extrémités, il vit avec étonnement qu'il contenait des pièces d'or et un boîtier de montre en or. Il attendait depuis longtemps Ducros, pour avoir à ce sujet une explication, lui rendre son argent et le faire sortir de l'hôtel. Il avait parlé au sieur Destrem de cette découverte et de ses soupçons, lorsqu'instruit de la présence des magistrats dans la chambre de Ducros, il s'était empressé de révéler ces faits et de remettre entre leurs mains le dépôt qu'il avait reçu.

Les rouleaux remis par lui contenaient : l'un 25 pièces en or de 40 francs; l'autre 29 pièces en or de 20 francs, formant une somme de 1,580 francs; plus, un boîtier de montre en or. A la vue de l'or et de la montre, qui se trouvaient dans les mains des magistrats lorsqu'ils rentrèrent dans la chambre de Ducros, celui-ci comprit que la vérité était connue et que ses dénégations seraient sans force en présence des preuves nouvelles que l'instruction venait de recueillir. *Je vais vous avouer toute la vérité*, dit-il alors, *c'est moi qui ai fait le malheur qui est arrivé chez madame veuve Sénepart.*

Suivant sa déclaration, il était allé, le lundi 4 ou le mardi 5, chez Mme Sénepart, à qui, après une conversation d'une demi-heure environ, il avait demandé un pain à cacheter pour fermer la lettre destinée à la dame Roussille, et qui, à son départ de Toulouse, lui avait été remise ouverte. Il suivit la dame Sénepart dans son salon. Après avoir pris dans un sac caché sous le coussin d'un fauteuil un trousseau de clés, et avoir ouvert avec l'une d'elles son secrétaire, elle en retira et lui présenta une boîte contenant des pains à cacheter. Au moment où il sortait, cette dame l'aurait chargé de passer chez sa belle-fille, qui, depuis plusieurs jours, n'était pas venue la voir.

Le jeudi 7, il y était retourné pour lui rendre compte de la réponse de la dame Virgile, qu'il n'avait pas trouvé. La portière lui ayant dit que la dame Sénepart était sortie, il avait suivi les boulevarts jusqu'à la Bastille. A deux heures, il s'était présenté pour la seconde fois. La même réponse lui ayant été faite, il s'était retiré encore, sans laisser son nom à la portière, qui le lui demandait. Enfin, après s'être promené jusqu'à la Madeleine, il était revenu vers cinq heures. La dame Sénepart, qui venait de monter chez elle, lui ouvrit la porte. Il ne voulait pas entrer; mais elle insista et le reçut dans la première pièce servant de salle à manger.

Après une courte conversation, dont il racontait le sujet en souriant, elle lui aurait parlé d'un portrait de son fils placé dans le salon. Conduit par elle dans cette pièce, il y examinait divers tableaux, et particulièrement un de Raphaël, accroché au-dessus de la porte d'entrée, lorsque la dame Sénepart, mécontente d'un examen ou d'une visite qui durait trop longtemps, aurait témoigné son impatience par quelques paroles, parmi lesquelles il distingua le mot *aventurier; ils s'étaient regardés tous deux d'une certaine manière,* et cédant alors à un mouvement de vivacité, il l'avait poussée violemment, en lui disant qu'il n'était pas un voleur.

Cette femme, tombée à la renverse, ayant commencé à crier, il s'était, dans la crainte d'être arrêté, précipité sur elle pour étouffer ses cris. *C'est alors,* dit-il, *que je l'étranglai. Je la saisis au cou avec ma main droite ou ma main gauche, et je lui serrai le cou pendant deux minutes, jusqu'à ce qu'elle ne criât plus. Quand elle est tombée, un des côtés de son châle était placé sur sa bouche, et j'avais appuyé sur cette partie de son châle. Quand je l'ai vue sans mouvement, je l'ai lâchée.*

Il s'assura de sa mort en approchant de sa

bouche un miroir placé sur la commode. Après ce crime commis, il s'était depuis un quart-d'heure assis dans un fauteuil, la tête dans ses mains, n'ayant aucun projet de voler, quand il aperçut le sac dans lequel il avait vu sa victime prendre la clé du secrétaire. Sans dessein arrêté, il aurait ouvert et visité les tiroirs de ce meuble, et la pensée du vol ne se serait présentée à lui qu'à la vue de l'or et de l'argent qu'ils renfermaient. Le vol fut commis. Il ferma le secrétaire, remit les clés dans le sac et se retira en répétant plusieurs fois, et à haute voix : *Madame, ne vous dérangez pas.*

A ce récit, Ducros ajouta qu'il était rentré à son hôtel. Il avait compté son argent, et il s'était trouvé possesseur d'une somme de 1,000 francs en or et 495 francs en argent. Il fut alors changer 500 francs contre des pièces d'or chez un changeur, galerie Véro-Dodat ; de là, après avoir dîné, il se rendit, vers six heures et demie, chez le sieur Sénepart fils, *comme cela se fait, a-t-il dit, par politesse, pour sa bonne réception et le dîner qu'il m'avait donné le dimanche précédent.* Là, il avait joué avec les enfants. A sept heures, il se retira avec le sieur Sénepart, qu'il quitta sur les boulevarts, où il se promena seul jusqu'à neuf heures et demie, en regardant les boutiques.

Telle a été la déclaration faite par Ducros ; elle n'était pas complète, car, outre la montre d'or dont il avouait la soustraction, et dont il avait enlevé le mouvement le vendredi, dans la crainte que le bruit ne révélât au sieur Gineston le contenu du rouleau, il s'était encore

emparé d'une chaîne d'or qu'il alla faire esti-
mer au Palais-Royal, en quittant le sieur Sénepart, et qu'il vendit à huit heures, moyen-
nant 36 francs, au changeur du passage
Véro-Dodat, où il s'était déjà procuré de l'or.
Après ce marché conclu, il avait causé pendant environ trois quarts-d'heure avec le sieur
Aaron, originaire lui-même de Toulouse.
L'assurance de son langage et de ses manières,
la liberté de son esprit était telle, que quand
le nom de l'assassin de la veuve Sénepart eut
été livré à la publicité, le sieur Aaron hésitait
à faire le dépôt de cette chaîne, ne pouvant
croire que le jeune homme qui la lui avait ven-
due, en déclarant se nommer Ducros, fût l'assassin de la veuve Sénepart.

Dans un des interrogatoires, comme on lui
demandait pourquoi il ne s'était pas éloigné de
Paris après l'assassinat : « Je ne me souvenais
déjà plus de ce meurtre, répondit-il, ou du
moins, je ne pensais pas qu'on pût me soup-
çonner. » Une seule fois, pendant l'instruction,
son assurance a faibli : c'est quand, avant les
obsèques de la veuve Sénepart, on l'a confronté avec le cadavre de sa victime. Il a dé-
tourné la vue avec horreur ; il a éclaté en sanglots, en s'écriant: « Oui, c'est moi qui l'ai
tuée ; je l'ai étranglée. »

Si les faits s'étaient passés comme le raconte
Ducros, un assez long espace de temps se serait écoulé depuis le moment où il est entré
dans l'appartement et le moment où il en est
sorti, lorsqu'il est démontré par la déposition
de la concierge qu'il est à peine resté un quart-

d'heure dans l'appartement de la veuve Sénepart. L'impatience de la dame Sénepart, une
parole blessante ou injurieuse n'ont donc pu
avoir pour cause la durée de cette visite. L'exécution du crime a suivi nécessairement de
près l'introduction de Ducros. Le motif par
lui donné à un mouvement de vivacité et de
colère qui aurait eu des suites si déplorables,
n'est donc ni vrai ni vraisemblable. Comment
croire, en effet, que ce mot d'*aventurier*, s'il a
été prononcé, ait produit, quelle que soit la
vivacité du caractère de celui à qui il s'adressait, cet effet d'étouffer en lui tout sentiment
honnête et humain, et de le rendre tout à coup
voleur et meurtrier d'une femme sans défense
et presque octogénaire? Mais s'il était possible
que la colère l'eût porté à l'assassinat, dès que
ce mouvement sera calmé, dès que cette colère sera éteinte, en présence de sa victime, la
conscience reprendra tout son pouvoir, le
trouble causé par les remords s'emparera de
lui et le suivra partout.

Il n'en est pas ainsi : au crime qu'il vient de
commettre, il en ajoute un autre, ouvre le secrétaire, dont il a pris les clés cachées sous le
coussin d'un fauteuil, rejette les papiers insi-
gnifiants, enlève l'or et l'argent que ce meuble
renferme, replace dans le sac qui les contenait
les clés du secrétaire, qu'il a soin de fermer,
et se retire en répétant plusieurs fois, avec
calme et sang-froid : « Ne vous dérangez pas.»
Sorti de cette maison, il évitera ceux dont la
présence doit rendre plus vifs les remords qui
le poursuivent; Ducros les recherche. Les po-

ches pleines de l'or, des bijoux qu'il a volés, il
va chez le fils de sa victime, et de cette main
qui vient d'étrangler, d'étouffer leur aïeule, il
façonne, en s'amusant, dit-il, des jouets en papier pour les enfants, et trois jours après, suivant sa propre déclaration, il ne se souvenait
plus du crime.

La résolution arrêtée de le commettre peut
seule expliquer cette insistance à rencontrer la
veuve Sénepart le jeudi 7 décembre. Sa première visite, faite trois jours avant, lui avait
fait connaître la disposition des lieux, le mobi-
lier qui garnissait l'appartement, et qui annonçait l'ordre et l'aisance. Il a su d'elle
qu'elle recevait peu de monde, et il est par-
venu, sous prétexte de cacheter une lettre, à
être admis dans le salon, à voir ouvrir le secrétaire, à savoir où la clé était ordinairement
cachée. Ces renseignements serviront bientôt à
l'exécution de ses projets. Il prétend être venu
chez la dame Sénepart parce que celle-ci l'aurait chargé de se rendre chez sa belle-fille,
qu'elle n'avait pas vue depuis longtemps, mais
en le dispensant de lui faire connaître le résultat de sa démarche. Il ajoute s'être en effet
présenté chez la dame Virgile Sénepart le
mercredi ; cette dame était sortie, lui répon-
dit-on.

En supposant que la dame Sénepart lui eût
donné la commission dont il parle et qu'il ait
fait une démarche pour s'en acquitter, comment ces faits pourront-ils expliquer et justifier ses efforts opiniâtres pour rencontrer la
dame Sénepart, qui ne l'avait pas prié de re-

venir, et à qui, il en convient, il n'aurait eu autre chose à dire, si ce n'est qu'il n'avait pas vu sa belle-fille? Il ne se borne pas à venir une première fois à midi, à monter au troisième étage, où est situé son appartement, sans s'adresser à la portière, à laquelle il refuse, en descendant, de laisser son nom. Il revient à deux heures : la dame Sénepart est toujours absente. Obligé de se retirer une seconde fois, il ne renonce pourtant pas à son projet. Il dit avoir suivi les boulevarts, tantôt jusqu'à la Madeleine, tantôt jusqu'à la Bastille, tandis qu'un témoin déclare formellement l'avoir vu longtemps allant et venant devant la maison, paraissant attendre quelqu'un; aussi, à peine la dame Sénepart était-elle rentrée, que Ducros, comme s'il eût guetté son retour, était presque aussitôt qu'elle à sa porte.

Il agissait donc, quand il mettait tant de ténacité à pénétrer chez la veuve Sénepart, dans un but qu'il ne veut pas avouer, dans un dessein qu'il était impatient de réaliser. La pensée, la résolution criminelle qui le conduisaient seront bien plus évidentes encore, s'il est certain que la dame Sénepart ne l'a pas invité à aller chez sa belle-fille, et qu'il n'est pas venu chez celle-ci. Lorsqu'il s'y présente, le jeudi 7, dans la soirée, il lui parlera de sa visite de la veille, si, en effet, il est venu. Il n'en dit rien, et il résulte, soit du témoignage de la domestique, soit de celui de la portière, qu'elles ne l'ont vu ni l'une ni l'autre, dans la matinée de mercredi. Ce jour-là, la dame Virgile Sénepart s'était rendue, comme elle le faisait dans les cinq ou six premiers jours de chaque mois, chez sa belle-mère, pour lui remettre sa pension. Celle-ci, qui n'avait pu dès lors s'étonner de n'avoir pas encore reçu sa visite, et inviter Ducros à aller chez elle de sa part, dit à sa belle-fille avoir demandé à l'accusé, le lundi précédent, de lui porter un petit cadre mécanique qu'elle avait acheté pour ses étrennes; mais, au lieu de s'en charger, il s'était excusé en disant être à la recherche d'un papier d'argent, papier que le lendemain, sur une question qui lui fut faite par la dame Virgile Sénepart, il répondit avoir trouvé.

Ainsi, point de commission donnée à l'accusé par la dame Sénepart, point de réponse à lui rendre, par conséquent, point de motifs à se présenter sur le boulevart du Temple pendant une grande partie de la journée du 7 décembre; point de motifs à cette impatience, à ces tentatives pour s'introduire chez elle réitérées à quelques heures d'intervalle, si ce n'est le double crime qu'il a mis à exécution aussitôt après y avoir été reçu. La résolution de le commettre a donc été prise et arrêtée le jour où, pour la première fois, il a vu la dame Sénepart, dont le grand âge, la faiblesse, l'isolement, devaient rendre si facile l'exécution de ses projets homicides, surtout lorsqu'elle aurait, sous un prétexte nouveau, été attirée dans la pièce la plus reculée de son appartement. C'est avec ce calme, ce sang-froid, cette absence de tout remords dont l'instruction offre de si nombreuses et de si affligeantes preuves, que ce jeune homme au cœur profondément vicieux,

dépourvu de tout sentiment moral, a prémédité et exécuté un assassinat auquel il a été
conduit par le vol, comme il avait été conduit
au vol par ses mauvaises passions et ses habitudes de débauche.

Après la lecture de l'acte d'accusation on
fait retirer les témoins au nombre de quinze,
et M. le président procède à l'iterrogation de
l'accusé.

M. le président. Ducros, levez-vous. Vous
êtes né et vous avez été élevé à Toulouse? —
R. Oui, monsieur.

D. Il paraît que votre père, honnête coute-
lier de la ville, avait de la peine, malgré sa
bonté, à étendre à tous vos besoins la modi-
cité de ses ressources, car votre dissipation
allait jusqu'à la débauche. — R. Je faisais
comme tous les jeunes gens de mon âge.

D. Votre grand-père naturel, M. Gabelle,
pharmacien de Toulouse, espérant avoir plus
d'influence sur vous, pour vous faire rentrer
dans le droit chemin, n'avait-il pas consenti à
vous recevoir comme son élève dans sa pharmacie et comme son enfant dans son intérieur?
— R. Oui, monsieur.

D. Et pour répondre à cette bonté, il n'est
pas de mauvais procédés dont vous n'ayez usé
à son égard, allant même jusqu'à lui soustraire
de l'argent soit dans sa caisse, soit dans ses vêtements. — R. Je n'avais pas d'apointements
fixes chez lui; il ne me donnait rien, mais j'étais
autorisé à prendre dans le comptoir pour mes
besoins.

D. Cela ne résulte nullement de la déclaration de M. Gabelle et vous n'en avez encore rien dit dans vos interrogatoires. On a entendu des femmes avec lesquelles vous aviez des relations et qui devaient vous coûter cher; on a entendu aussi vos compagnons de plaisir et ils ont déclaré que vous aviez dit que la caisse de M. Gabelle fournissait à vos plaisirs. — R. Je ne peux leur avoir dit cela, et sans le malheur que j'ai eu, il ne serait pas question de tout cela.

D. A Toulouse étant reçu chez M. Pagès à sa campagne, avec quelques amis de cette personne, un des couverts d'argent ayant disparu, n'avez-vous pas été fortement soupçonné d'être l'auteur de cette disparition?—R. Je n'en avais jamais entendu parler jusqu'au moment de l'instruction.

D. Il n'est pas moins vrai que les soupçons dont vous fûtes l'objet eurent assez de force pour qu'on vous exclut de chez M. Pagès. — R. Cependant je jure que je n'avais point pris le couvert.

D. Passons; à part les soustractions dont vous vous rendiez coupable vis à vis de M. Gabelle, ne vous seriez vous pas porté à des voies de fait contre lui? — R. Nous ne nous entendions pas toujours.

D. Oui, et notamment dans une circonstance où votre grand-père vous reprochait de ne pas vous occuper sérieusement de votre avenir et de vivre, en un mot, comme un paresseux et un débauché, n'avez-vous pas renversé ses meubles, brisé ses glaces, et ne l'avez vous pas menacé en le prenant au collet, lui, un vieillard et votre grand-père.—R. Comme je suis très vif, il est possible que j'aie eu tort.

D Et les meubles les avez-vous renversés?
— R. Oui, monsieur.

D. Et les glaces les avez-vous brisées? —R. Oui, monsieur.

D. Et c'est là ce que vous appelez ne pas toujours s'entendre.

L'accusé qui, dès le commencement de cet interrogatoire, avait répondu avec des larmes dans la voix, éclate ici en sanglots. M. le président l'engage à se calmer et lui permet de s'asseoir pendant le restant de son interrogatoire.

M. le président (au bout d'un instant). Accusé, au mois d'août dernier, n'avez-vous pas fait un premier voyage à Paris avec une somme de 500 à 600 francs provenant de grands sacrifices faits par votre père? — R. Oui, monsieur.

D. Il paraît que vous vous êtes peu occupé de vous créer une position, de chercher du travail? — R. C'est vrai, je ne m'en suis pas occupé.

D. Si l'on en croit les lettres que vous écriviez alors à vos amis, votre vie à Paris aurait été très dissipée, et vous auriez pris des plaisirs fâcheux sous tous les rapports. Vous êtes revenu à Toulouse, puis après vous êtes reparti pour Paris à la fin de novembre de l'année dernière, dans quelle intention? — R. Je venais pour me faire recevoir bachelier-ès-lettres, après quoi j'aurais continué mes études en pharmacie.

D. Quelle somme aviez-vous en votre posession à votre départ de Toulouse? —R. 300 fr.;

je n'en avais plus que 240 à mon arrivée à Paris.

D. N'aviez-vous pas eu la pensée de faire un voyage à la Guadeloupe?—R. Oui, monsieur, mais après avoir été reçu pharmacien.

D. Avant de venir à Paris, n'aviez-vous pas été en rapport avec la famille de Sénepart à Toulouse? — R. Oui, monsieur.

D. N'avez-vous pas demandé des lettres de recommandation à M. Frédéric Sénepart, officier supérieur qui vit en retraite à Toulouse, et à Melle Mathilde Sénepart?— R. J'en ai demandé seulement pour Mme Roussille.

D. Et pas pour la famille Sénepart?—R. Non, monsieur.

D. On vous en a donc offert?—R. Oui, monsieur.

D. Comment vous ont-elles été proposées? —R. M. Frédéric Sénepart voulant vérifier si certains bruits de mésintélligence dans le ménage de son neveu à Paris étaient fondés, me chargea d'une lettre d'introduction, afin que je puisse m'assurer de la vérité de ces faits.

D. Quoi qu'il en soit, n'avez-vous pas profité de vos rapports avec M. Sénepart, de Toulouse, pour demander des renseignements sur les habitudes de madame veuve Sénepart de Paris? — R. Je ne savais même pas qu'elle existât avant d'avoir une lettre pour elle.

D. N'avez-vous pas fait le voyage de Toulouse à Paris avec un nommé Pagès? — R. Je n'en sais rien. On me l'a dit dans l'instruction; il paraît qu'il était dans la rotonde, et moi j'étais dans l'intérieur.

D. Vous n'avez pas su son nom dans la diligence? — R. Non, monsieur.

D. Vous êtes arrivé à Paris le 2 décembre au soir? — R. Oui, monsieur.

D. Où vous êtes-vous logé? — R. A l'hôtel d'Orléans, rue d'Orléans-St-Honoré.

D. N'avez-vous pas écrit de suite à un sieur Gineston, votre compatriote, qui demeurait dans la rue des Maçons-Sorbonne?—R. Oui. Je lui ai écrit le dimanche, mais je ne l'ai vu que le lundi.

D. Le dimanche n'avez-vous pas accompli une des commissions dont vous étiez chargé, en vous présentant chez M. Sénepart fils?— R. Oui, monsieur.

D. Lui avez-vous dit votre nom?—R. Il ne me l'a pas demandé.

D. Mais vous lui avez remis quelque chose? —R. Oui, un billet, une note sur laquelle était mon nom. Cette note, émanée de M. Frédéric Sénepart me recommandait à M. Virgile Sénepart, comme étant de Toulouse.

D. M. Sénepart dans sa déclaration a dit qu'il lui aurait paru singulier que vous lui eussiez montré cette note qui, de sa nature, était confidentielle, puisqu'elle portait en substance : « M. Ducros est prié de se rendre » chez M. Sénepart à l'effet de vérifier si les » bruits, etc. » N'auriez-vous pas substitué à la note qui vous avait été remise, une autre note qui ne portait pas votre nom?—R. Non monsieur.

D. Il paraîtrait, cependant, que vous vous seriez présenté sous le nom de Pagès ou Ma-

gnès, car, après l'assassinat de sa mère, M. Sénepart vous a signalé de cette manière à la
police, et il ignorait complétement votre véritable nom. — R. Cela tient, sans doute, que, vis-
à-vis la maison de mon père, il y a un pharmacien, nommé Magnès, dont j'ai pu parler,
ce qui aura amené une confusion.

D. Tout cela est bien extraordinaire, et, de
plus, a amené l'arrestation d'un pauvre jeune
homme, nommé Pagès, qui a eu à supporter
les angoisses et les humiliations d'une déten-
tion et d'une instruction préventives. — R. Ce
n'est pas ma faute.

D. N'avez-vous pas dit à M. Virgile Sénepart que vous aviez une lettre pour sa mère?
— R. Oui, monsieur.

D. Ne vous a-t-il pas invité à dîner pour le
soir même? — R. Oui, et j'y suis allé.

D. Voilà pour le dimanche. Vous êtes retourné le soir à votre hôtel. Le lendemain, lundi,
n'avez-vous pas vu M. Gineston, avec qui vous
avez déjeûné? — R. Oui, monsieur.

D. Que se passa-t-il entre lui et vous dès
votre première entrevue? Ne lui dites-vous pas
que vos finances étaient maigres, que vous n'a-
viez que peu d'argent, mais que vous pourriez
en demander à votre cousin, M. l'abbé Bourrel, qui prêchait à Saint-Sulpice? — R. Oui,
monsieur.

D. Et ensuite, n'avez-vous pas ajouté que
vous en recevriez peut-être d'une maîtresse qui
devait bientôt arriver de Toulouse? — R. Je n'ai
pas dit un mot de cela.

D. C'est ce que les débats éclairciront. Quel

jour vous êtes-vous présenté chez madame Sénepart, n'est-ce pas le même jour, lundi 5 décembre. — R. Non, c'est le mardi ; je n'ai pas
quitté Gineston pendant toute la journée du
lundi.

D. Cependant nous croyons que vous l'avez
quitté pour remettre la lettre de mademoiselle
Mathilde Sénepart, et nous vous ferons remarquer qu'après avoir, dans l'instruction, déclaré
pendant trois semaines, après l'avoir écrit à Toulouse (nous lirons votre lettre), que vous aviez
fait cette visite le lundi, ce n'est que le 30 décembre que vous avez repris, je ne dis pas cet
aveu, mais cette déclaration pour reporter cette
visite au mardi. — R. C'est bien le mardi qu'elle
a eu lieu.

D. Voici ce que vous dites dans votre lettre :
*J'allai lundi chez madame veuve Sénepart, qui
est une bonne vieille charmante.* Vous écrivez
cela le 8 décembre, le lendemain de l'assassinat (mouvement dans l'auditoire) ! Quel que
soit le jour, vous dites que c'est le mardi : quelle
heure était-il ? — R. Trois heures environ.

D. Quand elle vit la lettre de sa nièce Mathilde, ne vous fit-elle pas un bon accueil ? —
R. Oui, monsieur.

D. Vous êtes resté quelque temps avec elle ?
— R. Environ vingt minutes.

D. N'avez-vous pas parlé avec elle de madame Roussille, pour laquelle vous étiez porteur d'une lettre de recommandation ? — R.
Oui, monsieur.

D. Cette lettre n'était pas cachetée ; n'avez-

vous pas demandé à madame Sénepart un pain
à cacheter? — R. Oui, monsieur.

D. Vous étiez dans sa chambre quand vous
lui fîtes cette demande, madame Sénepart est
allée en chercher un dans son secrétaire, qui
était dans son salon, et vous l'avez accompa-
gnée. — R. Oui, monsieur.

D. Vous lui avez vu prendre, sous le coussin d'un fauteuil, un trousseau de clés, parmi
lesquelles s'en trouvait une qui lui a servi à ouvrir son secrétaire. — R. C'est possible... Je ne
prétends rien nier de ce que j'ai dit dans l'instruction.

D. Quand elle ouvrit ce meuble, votre vue
ne fut-elle pas frappée de quelque chose? —
R. Non, monsieur.

D. Il paraît, cependant très probable, mais
ici il faut que les probabilités deviennent des
certitudes, qu'arrivant à Paris à peu près sans
argent, entrant chez une vieille femme, dont
l'appartement, quoique simple, a dû vous donner une idée favorable de son aisance, vous
ayiez pensé, en lui voyant ouvrir son secrétaire, que ce meuble contenait autre chose que
des pains à cacheter, et que vous ayiez conçu
la pensée du crime qui vous est imputé. —
R. Non, monsieur, cette idée ne m'est point
venue.

D. Si, ce qui n'est pas bien fixé, vous avez
vu M. Gineston après votre visite chez madame
Sénepart, on comprend ce qu'il dit, qu'à la pauvreté du matin, eut succédé, non pas déjà la
richesse, mais un langage plus aisé; que vous
lui ayiez parlé d'une maîtresse qui allait arri-

ver avec 5 à 600 fr. ? — R. C'est le vendredi seulement que je lui ai parlé de cela, et je n'ai pas fixé de chiffre.

D. Il y a deux époques. Le lundi vous en avez parlé, c'était pour *annoncer* la possession d'argent que vous prévoyiez; et le vendredi en lui remettant le rouleau, c'était pour lui *expliquer et justifier* cette possession. Enfin, passons; le mercredi, vous êtes allé chez madame Roussille, avez-vous dit votre nom? — R. Non, monsieur.

D. C'est singulier. Que vous ayiez oublié cela une première fois on le comprend, mais cet oubli continuel ressemble à un mystère qui paraît être l'accessoire d'un crime prémédité. Vous avez demandé la permission de revenir. — R. Oui, monsieur.

D. Le jeudi 7 décembre, vous vous êtes présenté chez madame Sénepart; vous êtes monté sans rien dire à la portière, et quand vous êtes redescendu et que vous lui avez dit : Madame Sénepart n'est donc pas chez elle? Cette femme ne vous a-t-elle pas répondu : Si vous me l'aviez demandé je vous l'aurais dit? — R. Oui, mais je n'avais pas vu la portière en arrivant.

D. Le même jour vous êtes revenu de nouveau et même plusieurs fois? — R. Oui, monsieur, j'avais à lui rendre la réponse de sa belle-fille, à qui elle m'avait dit de demander pourquoi elle ne venait pas la voir plus souvent. En outre, je voulais savoir où elle avait acheté un joujou qu'elle avait donné à ses petits-enfants, et qui représentait une procession en carton.

D. Quant à la commission dont vous prétendez que vous étiez chargé elle n'est pas vraisemblable, surtout dans les termes où vivait madame Sénepart avec son fils et sa belle-fille. Quant au joujou dont vous parlez, vous avez dit dans l'instruction qu'il sortait des magasins de M. Susse? — R. Oui, mais je ne savais pas où étaient ces magasins, et je voulais le demander à madame Sénepart.

D. Laissons-là ce misérable motif. Le jeudi 7 décembre, combien de fois vous êtes-vous présenté chez madame Sénepart. — R. J'y allai d'abord vers midi, je ne la trouvai pas; j'y revins vers deux heures, elle n'était pas encore rentrée, enfin, une troisième fois, je fus plus heureux.

D. Vous appelez du bonheur de l'avoir rencontrée pour l'assassiner? Vous avez, sans doute, épié la rentrée de madame Sénepart, car, à la troisième fois, vous êtes revenu, pour ainsi dire, sur ses pas? — R. Je ne sais si je suis rentré immédiatement après elle.

D. Ce sera établi. Cette malheureuse femme n'avait pas eu le temps de mettre à leur place les objets de toilette qu'on a l'habitude de quitter en rentrant : ainsi, elle avait posé son chapeau sur un meuble dans la salle à manger, ce qui témoigne qu'elle avait été surprise en rentrant par une visite. Nous vous demanderons pourquoi cette insistance de votre part? Avec vos habitudes, on ne comprend pas l'insistance d'un jeune homme de vingt-et-un ans auprès d'une femme de soixante-quinze ans!

L'accusé ne répond pas.

D. Ceci est grave, car on est autorisé à penser que vous n'insistiez que pour la tuer et la voler. Voyons, parlez, expliquez-vous, pourquoi revenir trois fois dans la même journée. — R. J'étais désœuvré; quoiqu'il fit beau, j'avais assez de me promener sur le boulevart, et j'étais bien aise d'avoir à faire une visite qui me permettrait de me reposer.

D. Quoi qu'il en soit, vous voilà chez madame Sénepart, que s'est il passé entre vous et votre victime. — R. Il m'est trop pénible de revenir là-dessus, je m'en rapporte à ce que j'ai dit dans l'instruction.

L'accusé baisse la tête et se prend à pleurer.

M. le président. Nous comprenons très bien ce que de pareils souvenirs doivent avoir de poignant pour une conscience sans doute bourrelée de remords. Cependant, quand on a eu le triste courage de concevoir, et surtout d'exécuter un si grand crime, il faut avoir assez de force pour en avouer les circonstances.

M. l'avocat-général. Du reste nous établirons que la sensibilité de l'accusé à l'audience n'a aucun rapport avec sa conduite dans la prison.

M. le président. Voyons, Ducros, il faut parler.

L'accusé. Eh bien! quand je me trouvai avec madame Sénepart, nous parlâmes d'abord du père Lacordaire. Elle me dit qu'elle était comme Louis XV, qu'elle n'aimait pas les robes noires, qu'elle n'allait pas à l'église parce que depuis longtemps elle savait à quoi s'en tenir.

M. le président. Abrégez ces détails, voyons, nous allons vous faire des questions : Madame Sénepart vous a montré un tableau représentant son fils, vous l'avez trouvé fort ressemblant, puis, selon vous, elle vous a parlé d'un second portrait, plus grand, qui était dans son salon et elle vous aurait proposé de venir le voir?— R. Oui monsieur, cela est exact.

D. Cela annonce une hospitalité assez bienveillante, ainsi vous l'avez suivi dans le salon? — R. Oui, monsieur.

Et c'est là où le lendemain elle a été trouvée assassinée?

L'accusé ne répond pas et pleure abondamment.

D. Comment la lutte qui a eu lieu s'est-elle engagée?— R. (D'une voix entre coupée par les larmes.) Sur un mot que m'a dit madame Sénepart, elle m'a appelé *aventurier*, et m'a ordonné de sortir.

D. Comment concevoir que cette femme qui vous a si bien accueilli vous ait dit ce mot, si vous ne l'y aviez pas provoquée? Pourquoi vous aurait-elle traité d'aventurier, vous qui arriviez de Toulouse avec une lettre de sa famille?

L'accusé ne répond rien.

D. Tout cela est inadmissible. — R. C'est pourtant la vérité.

D. Il faut qu'il se soit passé quelque autre

chose?—R. Elle a trouvé que je regardais ses tableaux trop longtemps et elle a surtout paru très contrariée de ce que j'avais décroché un petit tableau de Raphaël pour l'examiner plus à l'aise. C'est alors...

D. Eh bien! c'est alors... achevez.—R. Alors elle me traita d'aventurier, voulut me faire sortir de chez elle, je la repoussai et elle tomba par terre.

D. Ainsi c'est sur un mot blessant et au lieu de sortir, comme elle le désirait et comme l'eut fait un honnête homme, que vous avez eu la barbarie de vous jeter sur une vieille femme âgée de soixante et quinze ans et que vous l'étranglez... Pensez-vous nous faire croire que vous vous soyez porté à cette extrémité sans avoir l'intention criminelle de la voler après vous être débarassé de sa personne?—R. Non, je n'avais pas cette intention.

D. Quand elle a été renversée, qu'avez-vous fait cependant?—R. Je n'avais pas l'intention de lui faire du mal, mais elle a crié, et ses cris m'ont fait perdre la tête, j'ai crains qu'on ne me surpris auprès d'elle dans cet état, je lui mis alors le coin de son chale sur la bouche pour l'empêcher de crier, et quand elle ne cria plus, c'est qu'elle était morte. (Mouvement.)

D. Puis qu'avez-vous fait? — R. Je restai à peu près un quart d'heure évanoui. En revenant à moi, j'ouvris le secrétaire et je pris tout ce que j'y trouvai.

D. C'est-à-dire 1,000 fr. d'or, 450 fr. d'argent, trois bourses et une montre d'or avec sa chaîne? — R. Oui, monsieur.

D. Ainsi, quand le premier crime a été consommé, vous en avez commis un second, vous avez volé des bijoux et de l'argent? — R. C'est vrai, mais je ne peux expliquer en aucune manière l'idée de ce vol.

D. Elle s'explique très bien au contraire, et c'est ici que vos antécédents ont de l'importance. En admettant que vous soyez resté éperdu après le premier crime, il ne fallait pas en commettre un second. Cette pensée de vol vous est venue parce que vous l'aviez conçue d'avance? — R. Je n'ai eu l'idée de voler que quand j'ai vu l'or.

D. Mais pour voir l'or, il a fallu que vous prissiez d'abord la clé du secrétaire, puis que vous ouvrissiez ce meuble, et quand on agit ainsi, c'est qu'on a déjà la pensée de commettre un vol.

L'accusé garde le silence.

D. Enfin ce qui est vrai, c'est que vous avez volé. — R. Oui, monsieur.

D. Autre circonstance : n'avez-vous pas refermé ensuite le secrétaire? — R. Oui, monsieur.

D. Ainsi, vous avez eu assez de sangfroid pour concevoir la pensée de ces deux crimes, pour les exécuter et pour replacer, après le vol, les clés dans le sac. et le sac sous le coussin du fauteuil où vous l'aviez pris; puis vous êtes parti? — R. Oui, monsieur.

D. N'avez-vous pas de plus dit à haute voix et pour écarter tout soupçon, en quittant cette chambre où vous laissiez un cadavre ; « Madame, ne vous dérangez pas, je connais les êtres de la maison ?» — R. Oui, Monsieur.

D. Rentré à votre hôtel, vous y avez compté votre or ? — Oui, Monsieur.

D. De là vous êtes allé au restaurant ? — R. Oui ; mais je n'y ai pas dîné.

D. Nous croyons que vous avez déclaré avoir dîné à 22 sous, Après, qu'avez-vous fait ? — R. J'ai été chez un changeur du passage Véro-Dodat vendre la chaîne et changer l'argent contre de l'or.

D. Et puis n'avez-vous pas osé le même jour, après l'assassinat, vers six heures et demie du soir, vous présenter chez M. Sénepart le fils, tranquille et le front serein ? — Oui, Monsieur.

D. La famille était à table ?— R. Oui, Monsieur.

D. La femme et les enfants étaient là ? — R. Oui, Monsieur.

D. On a parlé de Toulouse, et vous les avez entretenus longuement des commérages, des cancans de cette ville. — R. Oui, Monsieur.

D. On vous a invité à prendre le thé, vous avez accepté, puis vous avez affecté de jouer avec les enfants, à qui vous faisiez avec du papier de petits jouets qu'on appelle, je crois, des *cocottes ?*—R. Oui. C'était pour avoir une contenance.

D. Comment! vous veniez de commettre le plus lâche des assassinats, et votre première visite était pour la famille que vous veniez de plonger dans la désolation ! Mais vous auriez dû vous évanouir à la pensée que vous alliez vous trouver en présence d'un fils qui ignorait qu'il avait devant lui l'assassin de sa mère. (Sensation prolongée.)

Ducros hésite à répondre, cache son visage avec son mouchoir et paraît pleurer.

D. Et le lendemain de l'assassinat, vous aviez toujours la même liberté d'esprit. Vous écrivez à votre père : c'était votre devoir ; mais comment avez-vous pu écrire une lettre pleine de détails aussi précis, aussi minutieux sur la famille, sur votre position, sur vos projets ? Ce n'est pas tout encore : le même jour, vous écrivez à M. Sénepart à Toulouse, et vous entrez sur l'accomplissement de votre mission dans des détails inimaginables. Vous vous attachez à dépeindre l'intérieur charmant du ménage Sénepart de Paris, le caractère de M. Virgile Sénepart, et surtout à faire ressortir cette particularité, qu'il a pris le parti de recevoir toutes les lettres qu'on lui adresse, mais de ne répondre à aucune : « A tel point, dites-vous, qu'on lui écrirait que le cloître de Saint-Sernin se promène dans la Garonne, il ne répondrait pas pour en marquer son étonnement ! » Et puis, lui rendant compte de votre visite à madame veuve Sénepart, vous lui dites : « c'est une bonne vieille charmante ; » puis enfin vous terminez en disant : « Quant à madame Sénepart la jeune, je ne veux plus la revoir, car je crains qu'elle soit trop aimable. » (Sensation.) — R. Je disais cela pour ne pas être soupçonné.

D. C'est possible ; mais cela n'en prouve pas moins votre grande quiétude d'esprit. Enfin, le même jour, vendredi, n'avez-vous pas été chez le sieur Gineston, et ne lui avez-vous pas dit que, voulant quitter votre hôtel de la rue d'Orléans, vous alliez prendre une chambre dans la rue des Maçons-Sorbonne? — R. Oui, monsieur.

D. Ne lui avez-vous pas remis un rouleau contenant 1,500 fr. et plus, et dans lequel se trouvait aussi renfermé le boîtier de la montre volée? — R. Oui, j'avais jeté le mouvement dans la Seine, de peur que le bruit ne se fît entendre dans le rouleau.

D. Le soir même, n'êtes-vous pas allé avec lui au spectacle à l'Odéon? — Non, monsieur, ce n'est que le lendemain samedi.

D. Comment! vous avez commis un assassinat et un vol, et deux jours après, vous avez le triste sang-froid d'aller vous amuser au théâtre?

L'accusé baisse la tête sans répondre.

M. *le président.* En voilà bien assez... Nous allons entendre les témoins.

Cet interrogatoire, souvent interrompu par les larmes de l'accusé, n'a pas duré moins de deux heures; il a été suivi par l'auditoire avec un sentiment de stupéfaction impossible à décrire.

On procède à l'audition des témoins.

M. *Troncin*, docteur en médecine. Je fus chargé d'examiner l'état de la victime par M. le commissaire de police. En entrant dans le salon avec le collègue qui m'avait été adjoint, nous vîmes cette pauvre femme renversée. D'abord, je la crus asphyxiée; mais je m'aper-

4

çus bientôt qu'elle était étranglée. Son châle avait été replacé sur ses épaules. En examinant l'intérieur de la bouche, je vis que le pouce avait été placé sous la langue, qui avait été repoussée dans la gorge, de manière à étouffer Mme Sénepart. On avait évité les cris en plaçant le châle sur la bouche.

D. Ne croyez-vous pas plutôt que le pouce ait été enveloppé du châle ? — R. Non, monsieur, il n'aurait pas pu être enfoncé aussi avant.

M. Comfordan, docteur en médecine, rend compte des mêmes circonstances. L'ordre des vêtements, dit-il, indiquait qu'on les avait replacés après la mort. En ouvrant la bouche du cadavre, je vis la base de la langue déchirée; sa pointe était redressée dans l'intérieur. Il y avait des traces d'ecchymoses sur les lèvres, sur le nez et à la partie latérale du cou.

M. le docteur Ollivier (d'Angers). Le 9 décembre dernier, je fus chargé, avec M. le docteur Bayard, d'examiner l'état du cadavre de la dame Sénepart. Il nous fut facile de reconnaître que la mort avait eu lieu par suite d'une asphyxie causée par étranglement. Le lendemain, l'autopsie nous donna toute certitude à cet égard : en même temps que le cou avait été pressé avec violence, et de manière à intercepter complétement l'introduction de l'air, on avait placé le pouce sur la base de la langue; elle avait été refoulée dans le gosier avec une telle force, que le frein en était déchiré.

M. le docteur Bayard explique de la même manière la cause de la mort. M. le président ayant fait développer le paquet qui contient les vêtements de la victime, M. le docteur indique sur le châle les traces de mucus provenant de la pression de ce châle sur la bouche et sur la langue.

M. Chevalier, chimiste, dépose ainsi : Chargé d'examiner le châle de la victime, je reconnus facilement dessus, et en plusieurs endroits, une matière blanchâtre qui lui donnait une apparence gommée. J'en coupai une partie, et je la mis dans de l'eau distillée. Des bulles d'air se dégagèrent, et l'eau fut troublée. Il se déposa au fond une sorte de mucus, que je fis évaporer, et je reconnus qu'il contenait de la matière animale, une partie alcaline et du chlorure de sodium, substances que l'on rencontre dans la salive.

On introduit *M. Sénepart fils (Virgile)*, quarante-deux ans, propriétaire. (Mouvement d'intérêt.)

M. le président au témoin. Veuillez nous rendre compte des visites que vous a faites Ducros.

M. Sénepart. Oui, M. le président. Sa première visite est du 3 décembre. Vers onze heures du matin, au moment où j'allais me mettre à déjeûner avec ma famille, ma bonne vint me prévenir qu'un jeune homme arrivant de Toulouse désirait me parler et me donner des nouvelles de mon oncle. Je donnai ordre de le faire entrer ; c'est alors que je vis monsieur. D'abord, nous parlâmes de mon oncle et de diverses autres personnes de Toulouse dont j'avais conservé le souvenir. « N'est-il pas vrai,

lui dis-je ensuite, qu'on a eu la méchanceté de
faire courir le bruit que je ne vivais pas en
parfaite intelligence avec ma femme? Du reste,
ajoutai-je, vous arrivez inopinément, vous
voyez mon intérieur, et vous pouvez vous assurer par vous-même s'il y a quelque chose de
fondé dans ces bruits. Pourriez-vous me dire qui
a pu parler ainsi à mon oncle? — Je l'ignore,
me répondit-il, mais je crois que MM. Amilhau
ne sont pas étrangers à ce bruit. Du reste, lorsque je retournerai à Toulouse, je pourrai, si
vous le désirez, en m'y prenant adroitement, savoir la source de tout cela. — Oh! c'est bien
inutile, répliquai-je, je méprise trop ces propos
pour m'en inquiéter autrement. »

Là s'arrêta la conversation et monsieur me
remit une note qu'il disait émanée de mon
oncle et me concernant. Je fus blessé d'abord
de ce mode de correspondance, je lus cependant la note et la posai ensuite sur la chemi-
née dans l'intention de la garder. Mais il me
la redemanda et je l'a lui rendis.

Puis, désirant changer la conversation, je
lui demandai ce qu'il venait faire à Paris:
« Je viens faire mon baccalauréat, » répondit-
il, — ah! voilà qui est incroyable, vous voulez étudier et vous quittez le pays de la science,
notre antique cité si poétique et si littéraire?
C'était un compliment de compatriote. Comp-
tez sur moi, dis-je enfin, si jamais je puis vous
être utile et venez ce soir dîner avec nous en
famille, nous causerons de Toulouse. Monsieur accepta, puis me dit : J'ai encore à remettre à madame votre mère une lettre de la

fille de votre oncle, et puisque je dîne avec vous, je vais 'en attendant aller la porter à madame veuve Sénepart. » Il me montra en effet cette lettre sur laquelle l'adresse était parfaitement mise. — Très bien, lui dis-je, et ce soir à cinq heures précises, ne manquez pas.

Monsieur fut exact, je rentrai à cinq heures dix minutes, je le trouvai à la maison. Durant le dîner, nous parlâmes de choses diverses, mais surtout de Toulouse, puis venant ensuite à parler des projets de monsieur, je me permis de lui donner quelques conseils. Je vous engage bien, lui dis-je, à ne pas aller demeurer dans le quartier latin, il vaut mieux rester de ce côté de l'eau. Vous feriez par là de mauvaises connaissances. Monsieur me dit que c'était en effet son intention, enfin à dix heures il nous quitta.

Cinq jours après cette entrevue, le 8 au matin, la femme de ménage de ma mère vint me prévenir qu'elle avait sonné inutilement à sa porte et qu'elle craignait qu'il ne lui soit arrivé un accident.

Je dois dire à la Cour, que, déjà quatre ans auparavant, ma mère avait été trouvée évanouie dans le salon. C'est alors que je la priai, à genoux, d'accepter une bonne que je payerais, elle accepta. Je lui payai une bonne 300 fr. par an, mais bientôt préférant l'existence isolée, elle la renvoya et n'en voulut point reprendre d'autre. De sorte, qu'en entendant ce que cette femme venait m'annoncer, j'eus la pensée que ma mère pouvait avoir cessé d'exis-

ter; mais je ne songeai pas qu'elle pouvait avoir
été victime d'un assassinat.

En arrivant sur les lieux, je trouvai le commissaire de police de l'arrondissement, qui s'é-
cria : « Ah! monsieur, je vous en supplie, n'allez pas plus loin, madame votre mère est assassinée! » Je m'informai alors des personnes
qui avaient pu venir chez elle; la portière me
parla d'un jeune homme qui était venu la demander à trois reprises différentes; il était venu
deux fois sans la trouver, et ce ne fut que la
troisième fois, vers cinq heures qu'il la rencon-
tra, et alors Dieu seul et monsieur (désignant
l'accusé de la main) savent ce qui s'est passé...
C'est trois heures après avoir commis ce crime
qu'il est venu chez moi pour la seconde fois, le
visage calme, le sourire sur les lèvres, et pour
me rendre une visite de politesse. Et là, messieurs, les mains encore toutes chaudes du sang
de ma mère, il osa me serrer la main, il eut
l'impudence de caresser mes enfants (mouvement d'horreur); il les fit danser sur ses genoux, joua avec eux, leur façonna des joujoux
en papier, enfin, il poussa même l'hypocrisie,
l'infamie, jusqu'à les embrasser, disant qu'ils
étaient charmants, qu'il adorait les enfants.
(Le témoin, en donnant ces détails, paraît vivement ému.)

Ayant à sortir, je priai monsieur d'en faire
autant, ne voulant jamais en mon absence laisser un étranger avec ma femme. Il se leva, prit
sa canne, mit son chapeau sur sa tête. Je trouvai cela un peu provincial; mais je me dis : il
se formera. Nous fîmes route ensemble, et nous

nous quittâmes sur le boulevart, près du passage de l'Opéra. En lui disant adieu, je lui serrai la main, et je lui réitérai mes offres de services.

Le lendemain de l'assassinat, j'écrivis à mon oncle et à sa fille pour leur faire part de ce triste événement. Bientôt j'en reçus deux lettres aussi lâches qu'infâmes...

M. le président interrompant. Témoin, calmez-vous; laissez de côté ces détails, essayez plutôt d'effacer ces souvenirs de votre esprit, vous comprenez, d'ailleurs, que nous n'avons pas à nous occuper ici des torts que peut avoir votre oncle, nous avons toute autre chose à rechercher et à constater, restons donc dans le débat.

M. Sénepart. Ces lettres-là n'auraient jamais dû être écrites.

M. le président. Laissons cela. Dans la visite qu'il vous a faite l'accusé vous a-t-il dit son nom ?

M. Sénepart. Il ne m'a pas donné son nom, m'a parlé de sa tante, la dame Pagès, de son grand-père, de sorte, que je le croyais un M. Pagès ; de plus, lors de sa seconde visite, il m'avait dit qu'il demeurait rue Boucher. J'ai parcouru toute cette rue, il y était inconnu, et, en effet, c'était rue des Maçons-Sorbonne qu'il était allé demeurer.

Madame Sénepart, femme du précédent témoin, est appelée. Cette dame, toute jeune encore, est vêtue d'habillements de deuil.

M. le président. Madame, le 3 décembre,

n'avez-vous pas vu l'accusé? — R. Oui, monsieur, vers onze heures du matin.

D. Sous quel nom s'est-il présenté chez vous?
— R. Je l'ignore; je sais seulement qu'il n'a pas
pris le nom de Ducros.

D. Le mercredi 6, n'êtes-vous pas allée voir
votre belle-mère, et vous a-t-elle parlé de la visite d'un jeune homme de Toulouse. — R. Oui;
elle m'a même dit qu'elle avait voulu le charger d'une boîte pour moi; mais qu'il avait refusé, en disant qu'il était pressé.

D. Vous a-t-elle dit quel jour il était venu?
— R. Non, monsieur.

D. Avez-vous reçu la visite de ce jeune homme?
— R. Non, c'est le lendemain.

D. Savez-vous s'il a cherché à vous revoir?
— R. On ne m'a pas dit qu'il se fût présenté
chez moi.

M. le président à l'accusé. Vous voyez, Ducros, vous prétendez expliquer votre insistance
à revoir madame Sénepart, en disant que vous
aviez à lui rendre compte d'une commission
dont elle vous avait chargé. Et cependant, il
résulte de cette déposition, que non seulement
vous n'aviez aucune commission à remplir,
mais même que vous aviez refusé celle dont on
avait voulu vous charger.

L'accusé baisse la tête et ne répond rien.

La femme Chaudrivot, âgée de quatre-vingt-
un ans, femme de ménage. J'ai sonné chez
Mme Sénepart à plusieurs reprises, et voyant
que personne ne répondait, j'ai été avertir son
fils; celui-ci m'a dit: « Mon Dieu! il est sans
doute arrivé un accident à ma pauvre mère! »

La femme Josse, portière, rapporte que l'accusé s'est présenté trois fois, le jour de l'assassinat, au domicile de Mme veuve Sénepart.

M. le président. Et combien est-il resté de temps la dernière fois? — R. Ah! je ne sais pas au juste; je cirais des souliers.

M. l'avocat-général. Eh bien! en avez-vous ciré beaucoup? — R. Deux ou trois paires.

D. Eh bien! combien mettez-vous de temps pour cirer une paire de souliers? — R. Ah! dam! ça dépend; je ne regarde pas à ma montre. (Hilarité générale.)

M. le président. Allons! il sera difficile d'obtenir quelque chose de votre témoignage. Allez vous asseoir.

Au moment où l'on introduit le témoin suivant, Me Pinède prie M. le président de rappeler la portière, afin de lui adresser une autre question sur le jour de la première visite de Ducros.

M. le président. J'y consentirai dans un instant; mais je doute que vous ayez satisfaction.

Mme Gibon rend compte de l'arrestation de l'accusé chez elle.

M. l'avocat-général. N'avez-vous pas été étonnée de l'aisance de ses manières et de son langage? — R. Oui, monsieur.

On rappelle la femme Josse.

M. le président au témoin. Aviez-vous vu l'accusé avant le jour de l'assassinat? — R. Je l'ai vu quand il est venu apporter des nouvelles de Toulouse.

D. Vous rappelez-vous quel jour il était

venu? — R. Ah! dam! non; je ne m'en souviens pas.

Le sieur Josse fils, âgé de vingt-un ans, fait une déposition insignifiante.

Mme Roussille, jeune et jolie personne, dépose que Ducros est venu lui apporter une lettre de Toulouse.

D. Ne vous a-t-il pas parlé de Mme Sénepart mère? — R. Oui, il m'a dit qu'elle était petite et mise avec simplicité.

D. Ne lui avez-vous pas répondu que vous pensiez qu'elle vivait avec une modique pension qui lui était faite par son fils, mais que cependant vous croyiez qu'elle avait des économies? — R. Oui, monsieur.

La femme Mercier, marchande de gâteaux et de pâtisserie, boulevart du Temple, dépose qu'elle a vendu un gâteau à l'accusé. Elle l'a vu marcher trois quarts-d'heure en long et en large. C'était entre une heure et trois heures; mais elle ne se rappelle pas si cette promenade a eu lieu le jour même où il a acheté le gâteau. J'ai pensé, dit le témoin, qu'il avait un rendez-vous.

M. le président à l'accusé. Convenez-vous de cela?

L'accusé. Non, monsieur.

M. le président. Ce fait impliquerait préméditation.

La femme Gros. Je travaille chez Mme Mercier. Un jour, l'homme qui est là, et que je crois reconnaître, est venu acheter un gâteau.

M. Victor Aaron, changeur, galerie Véro-

Dodat. L'accusé est venu à la maison deux fois. La première fois, mon frère seul était présent. Il changea à l'accusé un billet de 500 francs contre de l'or. Le soir, le même individu revint, et s'adressant à moi, me proposa de lui changer une chaîne en or. Je lui offris un prix ; puis nous causâmes longtemps de Toulouse, de diverses personnes de notre connaissance. Quant à la chaîne, il disait la tenir de sa mère.

D. Vous rappelez-vous si ses manières annonçaient du calme, de la quiétude d'esprit ? — R. Oh ! oui, monsieur, le plus grand calme ; il était impossible de se douter qu'il venait de commettre un crime.

D. Êtes-vous sûr qu'il a changé un billet de 500 fr. contre de l'or ? — R. Oui, monsieur, c'est mon frère qui a fait l'opération.

M. Aaron jeune, frère du précédent témoin, dépose des mêmes faits et confirme surtout le change du billet de 500 fr. contre de l'or.

L'accusé soutient, au contraire, qu'il a apporté 495 fr. en argent, qu'il a changé cet argent contre de l'or, afin de n'avoir que de l'or, car il avait encore 1,000 fr. en or, volés chez Mme Sénépart.

Le témoin persiste dans sa déposition et rappelle diverses circonstances qui ont fixé ses souvenirs

M. le président à l'accusé. Au lieu de 1,500 francs, n'auriez-vous pas pris 2,000 francs ? Cela expliquerait la déclaration du témoin.

L'accusé. Non, monsieur.

M. le président. Au surplus, la circonstance

est indifférente dans l'état actuel des choses.

M. Julien Destrem, élève en médecine militaire. J'ai vu l'accusé deux ou trois fois à Toulouse, il y a deux ans et demi, et je l'ai revu à Paris le lundi 4 décembre dernier. La veille, en rentrant chez moi, je trouvai un billet non signé, qui me prévenait qu'un ami de Toulouse venait d'arriver. Je l'ai vu avec M. Gineston, et je ne le revis que le vendredi.

M. le président. C'est le lendemain du crime. M. Gineston ne vous a-t-il pas dit qu'il lui eut confié quelque chose?

Le témoin. Pas ce jour-là; mais plus tard, il me fit part du dépôt que Ducros lui avait laissé et m'exprima même l'inquiétude qu'il avait conçue en ouvrant le paquet.

M. Gineston, étudiant en médecine, est introduit.

M. le président au témoin. Connaissiez-vous l'accusé avant son arrivée à Paris?

M. Gineston. Oui, monsieur, je l'ai connu un peu à Toulouse il y a deux ans; il était chez son grand-père, pharmacien.

M. le président. Racontez ce qui s'est passé entre vous et lui depuis le 3 décembre dernier.

M. Gineston. Ayant trouvé chez moi un petit billet qui m'avertissait de son arrivée, j'allai à l'hôtel d'Orléans pour le voir. Il était de bonne heure. Je le trouvai dans son lit. Il me parla des difficultés qu'il y avait pour arriver à quelque chose, quand on était sans argent. « Pour moi, disait-il, je suis brouillé avec mon grand-père, et je serai bientôt au bout de mes écus; mais j'ai espoir dans mon cousin, l'abbé Bourrel, qui, probablement, me donnera de l'argent quand il saura que je viens à Paris pour passer mon baccalauréat et suivre un cours de pharmacie. » Ducros, ensuite, me parla de sa maîtresse, qui bientôt devait arriver de Toulouse et lui remettre une somme de 400 fr. Nous sortîmes pour déjeûner ensemble, après quoi nous allâmes au cours de M. Orfila, puis à Saint-Sulpice, pour avoir des nouvelles de son cousin, et nous ne nous quittâmes qu'à dix heures du soir.

D. Il ne vous a pas quitté dans la journée? — R. Non, monsieur.

D. Quel jour l'avez-vous revu depuis? — R. Je le revis le vendredi. Il vint chez moi à huit heures. Il paraissait content. Il me dit que sa démarche auprès de son cousin avait réussi, qu'il avait reçu de lui 80 fr., que sa maîtresse lui avait envoyé 300 fr. Il tira un rouleau de sa poche, me le montra et me proposa de le lui garder, en me disant que, s'il le conservait, il le dépenserait. Il le plaça lui-même dans mon secrétaire.

D. N'avez-vous pas passé la journée avec lui? — R. Oui, monsieur.

D. Rien n'annonçait le crime dont il s'était rendu coupable? — R. Non, Monsieur.

D. N'êtes-vous pas allés ensemble au spectacle, à l'Odéon? — R. C'est le lendemain seulement.

D. Quand avez-vous conçu des inquiétudes au sujet du dépôt qui vous avait été confié? — R. C'est le lundi; en ouvrant mon secrétaire, j'aperçus le rouleau et je vis que l'adresse de Ducros était écrite de sa main. Cela me parut étrange ; la forme inégale du paquet me parut aussi assez singulière ; voulant savoir ce dont j'étais dépositaire, je décachetai le rouleau et je vis qu'il contenait 1,500 francs en or et une boîte de montre. Cela me donna des soupçons ; je pensai que Ducros avait commis un vol.

La femme Barbet, 64 ans, concierge de la maison où demeure M. Sénepart fils, dépose que l'accusé est venu le dimanche qui a précédé l'assassinat et le jeudi, jour où il a été commis.

La domestique de M. Sénepart fils confirme cette déclaration.

M. le président. Ceci démontre encore que l'accusé n'était chargé d'aucune commission par madame Sénepart mère auprès de sa bru, autrement, en effet, il serait retourné chez cette dernière avant le jeudi.

L'accusé persiste à soutenir qu'il s'est présenté chez madame Sénepart jeune le mercredi.

M. Pagès, qui, ayant eu le malheur de faire route avec l'accusé, a été d'abord l'objet de soupçons dont l'erreur a bientôt été vérifiée et reconnue, dépose que, pendant le voyage de Toulouse à Paris, il n'a existé aucuns rapports entre lui et l'accusé. (Il existe entre la figure de ce témoin et celle de l'accusé une ressemblance assez remarquable.)

M. le président. C'est par une malheureuse fatalité que M. Pagès avait été arrêté. Cela provient de ce que M. Sénepart avait, à tort,

où à raison, cru entendre l'accusé se donner
ce nom.

On entend encore plusieurs autres témoins
dont les dépositions sont sans intérêt.

A trois heures, l'audience est suspendue ;
un quart d'heure après, elle est reprise, et la
parole est donnée à M. l'avocat-général.

M. l'avocat-général JALLON soutient l'accusation. Il retrace les antécédents de l'accusé,
le montre menant une vie débauchée à Toulouse, volant ses parents. Puis, arrivant aux
faits de l'accusation, M. l'avocat-général en
retrace tous les détails et relève toutes les circonstances qui lui paraissent dénoter la préméditation, le calcul et l'absence du repentir.

Voulez-vous savoir, s'écrie M. l'avocat-général, jusqu'à quel point cet homme est calme
après le crime? Ecoutez la lettre suivante,
adressée par lui à M. F. Sénepart, chef d'es-
cadron en retraite à Toulouse :

« *Paris, 8 décembre 1843.*

» Monsieur,

» Mes nombreuses occupations m'ont empê-
ché de vous écrire de suite, comme je vous l'a-
vais promis. Cependant je suis allé dimanche
chez M. votre neveu, qui m'a reçu on ne peut
mieux. Les bruits qui ont couru sur son compte
sont complétement faux : il est avec sa femme
comme le jour de ses noces. C'est un ménage
charmant. Il a deux enfants magnifiques. J'allai lundi chez sa mère, qui est une bonne
vieille charmante.

» Ne soyez pas étonné de ne plus recevoir des nouvelles de votre neveu, parce qu'il m'a dit que depuis quelque temps il a pris la détermination de recevoir toutes les lettres, mais qn'il ne répondait à aucune.

» Il m'a dit, pour plus forte preuve, que lors même qu'on lui apprendrait que le cloître de Saint-Sernin se promène dans la Garonne, il n'écrirait pas pour marquer son étonnement.

» J'ai vu madame Sophie, qui est charmante. Je lui ai demandé la permission d'aller la voir pendant mon séjour à Paris, et je crains de ne pouvoir y aller, car je sens qu'elle est trop aimable.

» Agréez, etc.

» Honoré DUCROS.

» Mes amitiés à votre aimable demoiselle. »

M. l'avocat-général termine en rapprochant toutes les circonstances aggravantes. Il y a des accusations qui ne se discutent pas, dit-il, mais qui se racontent. Ce n'est pas ma faute si, en parcourant cette vie, j'ai toujours trouvé, non la figure d'un homme, mais les traits d'un assassin.

Après une suspension de quelques minutes, MMes PINÈDE et DUGABÉ présentent la défense de Ducros et s'attachent surtout à obtenir des circonstances atténuantes en faveur de son jeune âge, de ses aveux et de son profond repentir.

A sept heures, l'audience est suspendue et reprise à huit heures.

M. l'avocat-général JALLON réplique ; Me Dugabé lui répond :

M. le président POULTIER prononce le résumé
impartial et complet des débats.

A dix heures un quart, le jury entre en délibération. Au bout d'une demi-heure, il revient à l'audience et déclare Ducros coupable
d'homicide volontaire, commis avec préméditation et suivi de vol, sans circonstances atténuantes.

En conséquence, la Cour conadmne Marie-
Honoré Ducros à la peine de mort.

Ducros, qui, à la lecture du verdict, a laissé
tomber sa tête sur la balustrade du banc des
accusés et a conservé cette position, se lève
vivement quand l'arrêt est prononcé et quitte
l'audience d'un pas ferme et assuré.

Exécution de Ducros.

Samedi, 20 avril 1844.

Ducros, dont le malheureux père était resté
à Paris, cherchant par d'infatigables démarches à adoucir le sort de son fils et à détourner
de sa tête le glaive de la loi, Ducros, disons-
nous, malgré que depuis longtemps déjà
il connût le rejet de son pourvoi en cassation,
n'en paraissait pas moins assez calme et assez
résigné ; il est vrai de dire aussi qu'il n'avait
pas perdu toute espérance et que le long intervalle écoulé depuis sa condamnation lui avait
au contraire fait concevoir l'espoir qu'en faveur

de son jeune âge et de sa famille, la clémence royale lui permettrait de vivre et même d'espérer un avenir meilleur. Mais vain espoir, les circonstances atroces qui avaient accompagné et suivi son crime, l'utilité d'un exemple solennel, avaient rendu l'expiation nécessaire; aussi son pourvoi en grâce a-t-il dû être rejeté.

Lorsque, ce matin, vers six heures, M. l'abbé Montès et le directeur de la prison de la Roquette pénétrèrent dans son cachot, Ducros comprit aussitôt que son heure était venue. Ce dut être une bien terrible déception pour lui, car il tomba presque évanoui et eut un moment de stupeur et d'immobilité, qui pouvait faire croire que sa raison l'avait abandonné. Cependant, les soins qu'on lui a prodigué n'ont pas tardé à le ranimer et à lui faire reprendre ses sens. « C'est mourir bien jeune, » s'est-il alors écrié; puis, après un moment de réflexion, il a ajouté : « Je l'ai mérité!... Mourir sur un échafaud!... Oh! quelle sera la douleur de ma famille!... »

Resté seul avec M. l'abbé Montès, Ducros s'entretint avec lui assez tranquillement et manifesta un sincère repentir de son crime; puis vint l'instant des derniers préparatifs, ce qu'on nomme la *toilette*. D'abord, il supporta ces horribles apprêts avec assez de calme et de résignation; mais bientôt il fut saisi par un tremblement nerveux et convulsif de tous ses membres. Conduit ensuite à la chapelle de la prison, il y entendit la messe avec une grande ferveur et y accomplit son dernier devoir de chrétien;

Vint enfin le moment du départ. Ducros, de plus en plus faible, pouvait à peine se soutenir, et il fallut presque le porter jusqu'à la voiture qui l'attendait. Avant de franchir le seuil de la prison, il voulut cependant remercier ses gardiens de leurs bontés pour lui, mais à peine put-il prononcer quelques paroles.

Dès le point du jour, l'instrument du supplice était dressé sur la place de la barrière Saint-Jacques. Une foule assez nombreuse stationnait sur ce point, et parmi cette foule, le croirait-on, il y avait de belles et élégantes dames, venues là en équipage et qui, munies de lorgnettes, attendaient la venue du condamné, et de temps en temps souriaient et conversaient, ainsi que dans une loge au théâtre. A huit heures moins quelques minutes, la voiture des prisons parut dans le lointain ; un *hourra* de satisfaction et de frémissement parcourut cette foule impatiente.

La voiture s'arrêta bientôt au pied de l'échafaud. Le patient, l'abbé Montès et l'exécuteur des hautes œuvres en descendirent. Ducros paraissait avoir recouvré quelque force. Il se mit à genoux sur la première marche et fit une courte prière ; puis ayant reçu la bénédiction de son confesseur et baisé à plusieurs reprises l'image du Christ, il leva les yeux au ciel et s'écria d'une voix tremblante : « Mourir si jeune !... Mon Dieu ! mon père ! pardonnez-moi !... »

A dater de ce moment, une pâleur livide envahit son visage, qui avait conservé jusque là un peu d'animation. Sa tête s'inclina sur sa poitrine, et c'est à peine s'il pouvait se soutenir lorsqu'il a fallu gravir les degrés de l'échafaud, appuyé sur les deux aides de l'exécuteur. Arrivé sur la plate-forme, on lui a enlevé sa redingote, attachée sur ses épaules, et sa casquette. Déjà ce n'était, pour ainsi dire, qu'un cadavre; cependant, tandis qu'on l'attachait sur la planche fatale, il poussa quelques sourds gémissements; mais, presque aussitôt, le couteau triangulaire tombait avec un bruit sinistre, et Ducros avait cessé de vivre.

Presque en même temps aussi, une des belles dames accourues là pour voir mourir un homme tombait évanouie entre les bras de ses valets... Elle avait obtenu ce qu'elle désirait..., une émotion forte.

COUR D'ASSISES DE LA DORDOGNE.

Audience des 23, 24 et 25 avril 1844.

AFFAIRE

REYNAUD ET CLERGEAUD.

Empoisonnement d'un mari par sa femme, de complicité avec son amant.

Cette affaire, l'une des plus importantes et des plus graves qui se soient présentées aux sessions des cours d'assises de la Dordogne depuis plus de vingt ans, avait vivement excité la curiosité publique et attiré à l'audience une foule nombreuse et compacte. Un assez grand nombre de dames figurent derrière les magistrats de la cour.

A dix heures, les accusés sont introduits. Jeanne Deffargeas, veuve Reynaud, principale accusée, est vêtue de noir ; elle porte le costume des paysannes riches de la Dordogne. Son visage bruni, et sans caractère particulier, porte les traces d'une certaine préoccupation et paraît annoncer plutôt une faible intelligence qu'un caractère méchant et vicieux.

François Clergeaud, son co-accusé, est un homme d'une taille élevée ; il est fortement constitué. Quoique âgé de cinquante-neuf ans, son extérieur annonce une énergie peu commune et toute la vivacité d'un autre âge. Sa mise n'annonce pas un habitant de la campa-

gne : ses vêtements ont quelque chose d'élé-
gant; mais, d'un autre côté, ils sont délabrés
et en mauvais état. Sa figure est calme et
riante; il a l'air plutôt rusé que spirituel, et
ses yeux gris annoncent une profonde astuce
et un grand fond de dissimulation. Sa bouche
grande, ses lèvres épaisses et béantes donnent
en général à sa physionomie un aspect désa-
gréable. Cependant, chez lui, comme chez la
veuve Reynaud, rien ne laisse apparaître les
penchants vicieux qui ont dû les porter à commettre le crime horrible dont ils sont accusés.

Quelques instants après l'introduction des
accusés, la cour entre en séance, présidée par
M. le conseiller Bonnore.

M. le procureur du roi Dumonteil-Lagrèze
occupe le fauteuil du ministère public.

MM⁰ˢ Mie, Laurière et de Laboissière sont
au banc de la défense.

Après l'interrogatoire des accusés, le greffier donne lecture de l'acte d'accusation.

Voici, d'après cet acte, le résumé des charges qui s'élèvent contre les deux accusés:

Jean Reynaud, âgé de quarante-trois ans,
homme laborieux et de mœurs fort douces,
vivait, estimé de tous ses voisins, au bourg de
Saint-Romain, où il possédait une petite propriété qui lui procurait une honnête aisance.

Reynaud avait épousé Jeanne Deffargeas,
qui était à peu près du même âge que lui.
Longtemps cette union avait été heureuse et
paisible; mais un jour, un homme s'introduisit
dans l'intimité du ménage, et des relations cri-
minelles s'établirent entre lui et la femme Rey-

naud ; cet homme, c'était François Clergeaud.
Clergeaud habitait alors le village de Saint-
Romain, où il possédait aussi une propriété ;
mais son humeur processive et son immoralité
ayant mis le désordre dans ses affaires, il fut
exproprié et obligé de se retirer au lieu du
Clapier, à un myriamètre de Saint-Romain.
Au lieu de cesser alors ses rapports avec les
époux Reynaud, ils n'en devinrent que plus
fréquents, et il fit à Saint-Romain des voyages
presque journaliers.

Vers le milieu du mois de juin dernier, Reynaud, qui était d'une très robuste constitution,
éprouva un malaise extraordinaire, et, depuis
lors, cette indisposition ne fit qu'augmenter ;
elle se manifestait surtout après les repas. Enfin, le 23 juin, le mal devint d'une extrême
violence, et le malheureux Reynaud s'alita
alors pour ne plus se relever. Il mourut le 17
juillet, après un mois d'horribles souffrances.

La rumeur publique accusa la femme Reynaud d'avoir empoisonné son mari, de complicité avec Clergeaud, et l'autorité judiciaire fit
procéder, le 1er août, à l'exhumation et à l'autopsie du cadavre. Les premières expériences
des chimistes déterminèrent l'arrestation im-
médiate des accusés, et bientôt l'analyse scru-
puleuse des intestins démontra la présence in-
contestable, soit de l'acide arsénieux, soit d'un
sel soluble d'arsenic. Enfin, une contre-épreuve,
opérée à Paris par les soins de MM. Orfila et
Ollivier (d'Angers), sur une partie des matiè-
res réservées par les chimistes de Nontron,
donna un résultat absolument identique, et

permit de constater que la mort de Reynaud était due à un empoisonnement par l'arsenic.

Les deux accusés avaient d'abord attribué la mort de Reynaud à un suicide ; mais bientôt Jeanne Deffargeas, séparée de Clergeaud, et soustraite ainsi à son influence, se détermina à faire au maire de Saint-Romain et aux magistrats instructeurs les aveux les plus explicites. Voici le résumé de ses déclarations :

Vers les fêtes de Pâques de l'année 1843, Clergeaud proposa à Jeanne d'empoisonner son mari, afin de pouvoir se réunir à elle après son décès. Cette proposition ayant été acceptée, Jeanne reçut bientôt de son amant une quantité d'arsenic du volume d'une châtaigne. Le 22 juin, continue la femme Reynaud, une voisine lui ayant apporté des fraises, elle en fendit six avec un couteau, y introduisit le poison et les servit à son mari, qui les mangea et ne parut éprouver aucun malaise. Ce fut le lendemain seulement que les douleurs et les vomissements se manifestèrent.

Ce jour, à trois heures, le malheureux Reynaud rentra et se mit au lit. Les souffrances de son mari n'arrêtèrent pas Jeanne Deffargeas dans sa criminelle entreprise. Le médecin avait prescrit des tisanes : Jeanne délaya dans un verre d'eau tout le poison qui lui restait, et, chaque fois que son mari demandait à boire, elle avait soin de mêler à la tisane un peu de cette eau empoisonnée. Ce ne fut qu'au dernier moment, et lorsque le malade se débattait dans l'agonie de la mort, que Jeanne, frémissant trop tard à l'idée du crime qu'elle avait commis, se hâta de jeter au feu le peu de poison qui lui restait.

Pendant la maladie de Reynaud, Clergeaud vint deux fois à Saint-Romain, approuva tout ce que Jeanne avait fait et lui recommanda vivement de faire toujours boire à son mari de la tisane empoisonnée.

C'est ainsi que cette femme a dévoilé à la justice les horribles détails de la mort de son mari.

Clergeaud a constamment opposé à ces aveux les plus vives dénégations, et Jeanne, ayant pu de nouveau entrer en communication avec lui dans la prison de Nontron, a bientôt rétracté ses déclarations premières, attribuant les aveux qui lui étaient échappés à un accès de délire et à une vive irritation contre Clergeaud.

Malheureusement pour ce dernier accusé, de nombreux témoignages viennent corroborer les déclarations de sa complice, et il est prouvé que peu de temps avant la mort de Reynaud, il avait fait acheter de l'arsenic par le sieur Couturas, son beau-frère, et de graves indices semblent démontrer qu'il avait déjà tenté lui-même d'empoisonner Reynaud, car ce dernier, qui avait pris un repas chez Clergeaud quelque temps après sa mort, avait été depuis constamment indisposé.

Telles sont les principales charges qui résultent de l'acte d'accusation dressé contre François Clergeaud et Jeanne Deffargeas, et qui ont déterminé leur renvoi devant la Cour d'assises, sous l'accusation d'empoisonnement sur la personne de Jean Reynaud.

M. le président procède à l'interrogatoire des accusés, qui déclarent tous deux être nés à Saint-Romain. A chacune des questions qui leur sont adressées, et qui sont, à peu de chose près, la répétition des charges portées contre eux dans l'acte d'accusation, Jeanne Deffargeas et Clergeaud répondent par des dénégations absolues. Jeanne Deffargeas, qui a répété quatre fois les mêmes aveux lors de l'information, proteste aujourd'hui de son innocence, et elle explique ses premières déclarations par l'épouvante qu'on lui avait inspirée lors de son arrestation.

On passe à l'audition des témoins. Nous ne rapporterons que les dépositions les plus importantes.

Les médecins et les chimistes sont d'abord entendus et rendent compte de la maladie et de la mort de Reynaud, ainsi que de l'autopsie et des analyses chimiques auxquelles ils se sont livrés, et qui ont amené la constatation du crime.

La femme David, aubergiste à Thiviers, est ensuite entendue. Les deux accusés ont passé chez elle une partie de la journée, le lendemain de la foire. Désirant s'assurer par elle-même de la vérité des bruits qui couraient sur les relations intimes qu'on prétendait exister entre eux, elle a regardé par le trou de la serrure, et elle a pu se convaincre que les bruits qui couraient n'étaient pas calomnieux.

Le témoin, pressé par M. le président de tout

dire, entre alors dans des détails où nous ne
pouvons le suivre, mais qui ont dû mettre
dans une position embarrassante et cruelle les
dames et les demoiselles qui encombraient
l'auditoire.

Clergeaud nie effrontément les faits rappor-
tés par le témoin; celui-ci les précise alors
d'une manière encore beaucoup plus claire et
qui ne permet plus de doute.

M. Barrailler-Laplante, officier de santé et
maire de Saint-Romain, après être entré dans
quelques détails sur la maladie de Reynaud,
s'exprime en ces termes au sujet des aveux de
Jeanne Deffargeas.

Quelques jours après son arrestation, Jeanne
fut conduite à Saint-Romain, pour assister à
une enquête faite par les soins de M. le procureur du roi de Nontron. L'accusée, que je
connaissais particulièrement, me demanda
alors des conseils, et, sur l'avis que je lui donnai de ne pas se laisser influencer par Clergeaud et de dire toute la vérité à la justice,
Jeanne me confessa qu'elle avait elle-même
empoisonné son mari, par suite des conseils de
Clergeaud. Celui-ci lui avait apporté un jour
un paquet d'arsenic gros environ comme une
châtaigne. D'abord, elle introduisit quelques
parcelles de cet arsenic dans des fraises qu'elle
fit manger à son mari; puis les symptômes de
l'empoisonnement s'étant déclarés, elle délaya
dans un verre d'eau tout le poison qui lui restait, et chaque fois que son mari demandait à
boire, elle avait soin de mêler à la tisane qu'elle
lui donnait un peu de cette eau empoisonnée.

Le soir, elle répéta ses aveux, en y ajoutant les détails les plus circonstanciés, disant que : *quand on déroule une pièce de drap, il vaut autant la dérouler tout entière.*

Interrogée par M. le président sur cette grave déposition, la femme Reynaud prétend que M. Barrailler lui a arraché cette version par ses obsessions et ses menaces, mais qu'alors elle en imposait par un récit imaginaire.

M. Barrailler rend aussi compte de diverses circonstances tendant à établir que Jeanne Deffargeas aurait voulu faire croire à un suicide et aurait proposé 300 fr. à un individu, pour l'engager à dire que Reynaud s'était empoisonné.

Interrogé sur la réputation de Clergeaud, le témoin dépose que cette réputation était assez mauvaise et que l'accusé, qui passait pour un chicaneur, avait été notamment soupçonné d'un vol de 50 fr.

Le sieur Dupont, gendarme, rend compte des aveux que lui aurait faits la veuve Reynaud, aveux plus circonstanciés encore que ceux faits à M. Barrailler. C'est à Dupont que Jeanne dit avoir mis d'abord du poison dans les fraises de son mari ; c'est aussi à ce témoin qu'elle déclara que l'arsenic avait été remis à Clergeaud par le beau-frère de ce dernier, chargé de l'acheter à Thenon.

La déposition si positive de ce témoin fournit à M. le président l'occasion d'adresser à Jeanne Deffargeas des conseils qui ont vivement impressionné l'auditoire. Rappelant une à une les charges qui s'élèvent contre cette

femme et les aveux faits par elle, tantôt à Barrailler-Laplante, tantôt au gendarme Dupont,
tantôt à M. le procureur du roi de Nontron,
et enfin à M. le juge d'instruction, en présence
de Clergeaud, M. le président supplie la femme
Reynaud de renoncer à un système de déné-
gation qui ne peut que lui nuire. Il lui fait
entrevoir, comme conséquence de ses aveux,
l'admission des circonstances atténuantes et
une diminution de peine. Il l'engage à résister
enfin à la fatale influence que semble exercer
sur elle son co-accusé, influence qui lui sera
inévitablement fatale, et dont les conséquences lui feront bientôt verser des larmes de
sang.

Pendant cette chaleureuse allocution, un
gendarme, sur l'ordre de M. le procureur du
roi, s'était placé entre Clergeaud et Jeanne
Deffargeas, pour empêcher toute communication entre eux. Jeanne a quelque temps gardé
le silence, et paraissait vivement impression-
née. On a pu croire un instant qu'elle allait
céder aux avis qui lui étaient donnés; mais elle
n'a enfin rompu le silence que pour persister
dans son nouveau système de défense.

Je ne puis dire que ce qui est, a-t-elle répondu, et lorsque je me suis accusée, je disais
alors ce que je n'avais pas fait.

Après cet incident, l'audience est levée et
renvoyée au lendemain.

A dix heures, la Cour entre en séance. L'audition des témoins est reprise.

Marie Simon dépose que, se trouvant dans
la prison de Nontron, en compagnie de Jeanne

Deffargeas, elle aurait vu souvent celle-ci communiquer avec Clergeaud à travers une porte pratiquée dans le mur qui sépare la cour des hommes de celle des femmes. Ils étaient, dit-elle, continuellement à se concerter, et Clergeaud, indépendamment des conseils qu'il donnait lui-même à sa co-accusée, m'avait chargée de l'engager à rétracter ses aveux. « Sans tes déclarations, nous ne serions pas en prison, disait-il devant moi à Jeanne ; mais il faut dire à l'avenir que la peur seule t'a fait parler. » L'influence exercée par Clergeaud sur Jeanne était telle, que cette dernière lui faisait passer tout l'argent qu'elle pouvait se procurer, et qu'après avoir filé pour 70 centimes de laine, elle lui remit encore cette modique somme, qui lui était pourtant nécessaire à elle-même. « Quand je serai à Périgueux, disait Jeanne, je serai bien malheureuse, car je n'aurai plus Clergeaud pour me soutenir, et je ne saurai pas me défendre. »

M. le président fait à l'accusée de vives instances pour l'engager à reconnaître la vérité de cette déposition. Jeanne persiste dans ses dénégations avec la plus froide impassibilité. Clergeaud s'exaspère contre le témoin, qu'il accuse de faux témoignage et de vol.

Jean Couturas, beau-frère de Clergeaud. Ma position est bien pénible, et j'éprouve une grande humiliation à venir déposer contre le mari de ma sœur ; mais je dois la vérité à la justice, et si je l'ai cachée dans mon premier interrogatoire, j'ai eu tort, et ma conscience m'ordonne d'agir autrement aujourd'hui. En avril dernier, pendant une visite que je fis à Clergeaud, en compagnie de ma femme, ce dernier, après avoir causé avec moi des ravages que faisaient les rats dans sa maison, me pria de lui acheter du poison, sous prétexte qu'il ne connaissait pas assez le maire de sa commune pour lui demander un certificat. Je promis de lui rendre ce service ; mais je perdis de vue cette commission, et Clergeaud me la rappela depuis à plusieurs reprises, et me donna un franc pour cet objet. Enfin, vers le 15 du mois de mai, je me rendis à Thenon, chez M. Verlhiac, pharmacien, qui me délivra pour 50 centimes d'arsenic. Ayant rencontré Clergeaud à Périgueux, le 26, jour de la Saint-Mémoire, je lui remis le poison. Depuis, et le 4 août, Clergeaud me dit qu'il n'avait pas pu en faire usage, l'ayant perdu, disait-il, dans son parc à bœufs, où il n'avait plus retrouvé que le papier.

Couturas déclare en outre qu'il a toujours vécu avec son beau-frère en bonne intelligence.

Interrogé sur cette déposition, Clergeaud l'attribue à des motifs de haine ou de crainte qu'il ne sait pas bien préciser.

M. le président fait encore remarquer à Jeanne Deffargeas combien cette déposition coïncide avec ses premiers aveux, que le témoin ne pouvait connaître.

L'accusée persiste dans son silence.

Plusieurs témoins viennent confirmer la déclaration de Couturas.

M. *Verlhiac*, pharmacien, dépose que le

poison livré par lui pouvait, en effet, former le volume d'une châtaigne. Il y en avait pour empoisonner plus de cent personnes.

La femme Rebière dépose que l'accusée l'a engagé à dire que son mari s'était empoisonné. C'est ce témoin qui a envoyé à Jeanne les fraises dans lesquelles le poison aurait été introduit.

Quelques témoins à charge sont encore entendus. Leurs dépositions ne jettent aucun jour nouveau sur l'affaire. Quelques uns parlent des offres de récompenses qui leur auraient été faites par Jeanne Dèffargeas, pour qu'ils déclarassent que le malheureux Reynaud s'était empoisonné lui-même.

On passe à l'audition des témoins à décharge; leurs dépositions sont complétement étrangères aux faits reprochés par l'accusation.

A l'audience du lendemain, M. le procureur du roi DUMONTEIL-LAGRÈZE a pris la parole et soutenu l'accusation contre les deux accusés.

M⁰ LAURIÈRE, dans l'intérêt des accusés, a d'abord traité la question médico-légale et soutenu qu'il n'était pas établi que Reynaud fût mort empoisonné.

M⁰ˢ MIE et LABOISSIÈRE ont ensuite complété la défense des deux accusés.

A huit heures du soir seulement, M. le président commence son résumé et rappelle clairement en peu de mots, avec la rare impartialité qui le distingue, les charges produites par l'accusation et les moyens employés pour la défense.

A neuf heures, le jury entre dans la salle de

ses délibérations, d'où il ne sort qu'à plus de dix heures et demie. A sa rentrée, un silence profond s'établit aussitôt dans l'assemblée. La longueur de la délibération, la physionomie triste et presque abattue de la plupart de MM. les jurés, ne laissent que trop présumer le résultat de leur décision. Un long frémissement accompagne la déclaration que le chef du jury lit d'une voix profondément émue, et par laquelle les deux accusés sont déclarés coupables, en admettant, toutefois, des circonstances atténuantes en faveur de la veuve Reynaud.

Les deux accusés sont ramenés dans la salle. Clergeaud a perdu sa contenance assurée ; il est pâle et cherche à lire dans les yeux des défenseurs le sort qui l'attend. Jeanne Deffargeas est toujours froide et impassible.

Le greffier donne lecture de la déclaration du jury. M. le procureur du roi se lève et requiert la peine de mort et les travaux forcés à perpétuité contre la femme Reynaud. Pendant ce réquisitoire, les accusés gardent le silence, et ce n'est que lorsque M. le président leur demande s'ils n'ont rien à dire que Clergeaud seul prononce d'une voix entrecoupée et sanglottante quelques paroles sans suite et par lesquelles, cependant, il paraît protester encore de son innocence.

Me Mie peut à peine surmonter son émotion pour réclamer l'indulgence en faveur de sa cliente.

La Cour se retire pour délibérer. Au bout de dix minutes, elle rentre dans la salle, et M. le président prononce un arrêt qui condamne Jeanne Deffargeas, veuve Reynaud, à la peine des travaux forcés à perpétuité, et François Clergeaud à la peine de mort.

Les accusés ne prononcent aucune parole, ne profèrent aucune plainte. Jeanne, quoique abattue, marche cependant d'un pas assuré; mais Clergeaud n'a pu sortir de l'audience que soutenu par les gendarmes qui l'accompagnent.

COUR D'ASSISES DU NORD (Lille).

PRÉSIDENCE DE M. LE CONSEILLER BINET.

Audience du 29 avril 1844.

AFFAIRE DEBRIL.

Assassinat d'une femme par son mari.

François Debril, cultivateur à Wormouth, comparaît devant le jury, sous la grave accusation d'assassinat commis sur la personne de sa femme.

Voici les faits tels qu'ils sont établis aux débats.

La femme Debril vivait en fort mauvaise intelligence avec son mari; elle entretenait depuis longtemps des relations coupables avec le nommé Jonquère, un don Juan de village des plus effrontés, et pendant l'espace d'environ deux ans, elle avait vécu loin du domicile conjugal, en compagnie de son hardi séducteur. Cependant la femme Debril, cédant aux pressantes instances de sa famille, avait consenti à réintégrer le domicile commun, promettant bien d'oublier ses erreurs passées et de mieux se comporter à l'avenir; mais, hélas!

> Souvent femme varie;
> Bien fol est qui s'y fie.

aussi l'épouse adultère eut-elle bien vite oublié repentir et promesse, et repris de plus belle le cours de ses vieux péchés.

Jonquère le séducteur était revenu dans la commune, et de nouveaux désordres avaient recommencé. Huit jours même avant le crime, l'infortuné mari trouvait sa femme en conversation britannique avec son audacieux amant dans un cabaret de Wormouth ; et l'époux débonnaire, poussant en cette occasion la longanimité jusqu'au sublime du genre, s'était contenté de dire à sa perfide moitié : « Il y a trop longtemps que cela dure ; suivez-moi... — Non, pas encore, avait répondu l'effronté galant, il me reste quelque chose à dire à ta femme... » Et le mari ainsi mis à la porte, la conversation continua.

Huit jours plus tard, l'incorrigible Madeleine causait encore à son mari de nouveaux chagrins. Elle avait déserté pendant la nuit, le toit conjugal, et le lendemain, interpellée sur cette absence, elle prétendit avoir couché en la demeure d'une parente ; mais cette allégation fut bientôt reconnue mensongère. Poussé à bout par de si longs et si persévérants outrages, Debril, soit pour tenter de noyer ses soucis dans les pots, soit pour s'exciter à quelque résolution énergique, va s'attabler au cabaret et vide, coup sur coup, force pintes de bière. De là, il court tout furieux chez son beau-frère et s'écrie : « Ma femme est une coquine, je vais lui casser une jambe ; puis, quand elle sera raccommodée, je lui casserai l'autre. » Il rentra ensuite chez lui, exalté tout à la fois par la colère et la boisson.

C'était le 18 février, vers trois heures après midi : la femme Debril était paisiblement assise dans un coin de la maison, un jeune enfant de neuf ans, qui fut le seul témoin du commencement de la scène, était jouant auprès d'elle. Debril, sans aucune explication, sans mot dire, s'élance sur sa femme, la saisit par les épaules, la terrasse et lui applique de violents coups de pied dans le ventre : « Frappez-moi, criait cette malheureuse sans défense, frappez moi jusqu'à la mort ! »

Cependant, Debril sort un instant de la chambre, met l'enfant dehors pour éloigner tout témoin, et rentre bientôt armé d'un énorme bâton... Que se passa-t-il dans cet épouvantable tête-à-tête? C'est ce que nul ne peut préciser. L'accusé prétend qu'il y eut une lutte acharnée entre lui et sa femme, lutte dans laquelle il aurait reçu lui-même de graves blessures, et aurait eu deux dents arrachées. Il soutient qu'il n'a frappé sa femme que pour lui faire avouer sa faute, et que c'est l'obstination de celle-ci à garder le silence et à braver sa colère qui seule l'a poussé à de pareils excès.

Quoi qu'il en soit, l'horrible scène se prolongea pendant plus d'une heure, et l'on n'entendit pendant ce long intervalle, que des gémissements, des cris et des coups redoublés ; enfin, quand la vengeance fut complète, il rappela le jeune enfant ; en sa présence, il ramassa le corps mutilé de la victime, et la déposa sur le lit, où elle ne tarda pas à expirer.

L'examen des hommes de l'art a constaté

7

que la femme Debril avait été assommée sous les coups les plus violents. Le corps était dans un état affreux de mutilation, le bras et l'avant-bras entièrement noircis et gonflés à force de contusions, la tête était horriblement fracassée, le nez et les oreilles violemment arrachés, un œil sortait de son orbite, toute la partie extérieure du corps n'offrait plus qu'une seule et vaste plaie. Le mari outragé avait accompli sur sa femme coupable l'acte le plus épouvantable de vengeance. C'est à raison de ce fait que l'accusé Debril est traduit aujourd'hui devant la Cour d'assises.

Cependant l'audition des témoins fait perdre à l'accusation une grande partie de sa gravité. Le ministère public abandonne lui-même la question d'assassinat. Il ne lui paraît pas suffisamment résulter du débat que Debril ait voulu donner la mort à sa femme. L'affaire se trouve donc ainsi réduite à une simple question de coups et blessures volontaires ayant occasioné la mort sans intention de la donner. Debril jouit d'ailleurs d'une excellente réputation. Sa conduite, jusque là, était demeurée irréprochable. Ses bons antécédents, sa longanime patience, la conduite scandaleuse de sa femme, l'effronterie incroyable du complice séducteur, tout milite puissamment en faveur de l'accusé. Aussi le jury, tout en le reconnaissant coupable du fait de coups et blessures, a-t-il déclaré en sa faveur des circonstances atténuantes. En conséquence, Debril a été condamné à trois ans d'emprisonnement.

COUR D'ASSISES DE LA SEINE.

Audience du 7 mars 1844.

AFFAIRE ROSENN-MAYER.

Accusation de bigamie.

Depuis longtemps la Cour d'assises de la Seine n'avait eu à statuer sur un chef de bigamie. Il est heureux que ce genre d'accusation devienne de plus en plus rare, car, généralement, il dénote et révèle des faits de corruption et d'immoralité profondes.

L'accusé, que les gendarmes amènent sur le banc des assises, justifie, par sa physionomie, le genre d'accusation portée contre lui ; ses lèvres épaisses, son front déprimé, son teint plombé, son œil ardent semblent indiquer les appétits brutaux qu'il a assouvis par le crime ; il déclare s'appeler Joseph Rosenn-Mayer, être âgé de 36 ans, ouvrier tailleur, né à Gray (Haute-Saône). Il est vêtu de noir, et sa contenance est troublée.

A onze heures, l'audience est ouverte. M. Poultier remplit les fonctions de président ; M. l'avocat-général de Thorigny occupe le fauteuil du ministère public ; M. Madier de Montjau est assis au banc de la défense.

Voici, d'après l'acte d'accusation, les faits reprochés à l'accusé :

Le 3 mai 1826, Rosenn-Mayer, alors âgé de dix-huit ans, a contracté mariage dans la commune d'Aprémont (Haute-Saône) avec Jeanne-Françoise Convert. Cette femme ne tarda pas à souffrir des mauvais traitements de son mari, qui se livrait à la débauche, et qui voulait même la pousser à s'adonner à la prostitution. Ils se séparèrent de fait en 1832. La femme Rossenn-Mayer garda le seul enfant qu'il eussent de ce mariage. Quant à son mari, il vint se fixer à Paris où bientôt il lia des relations avec la demoiselle Adélaïde-Virginie Paul-Pierre, qu'il rendit enceinte, et qu'alors il demanda en mariage et obtint facilement, à raison de son état de grossesse. Le mariage fut célébré le 18 février 1834 à la mairie du 11e arrondissement.

Rosenn-Mayer avait rapporté à l'officier de l'état civil le consentement de son père au second mariage qu'il venait de contracter. Ce consentement, il l'avait obtenu en écrivant deux lettres dans lesquelles il disait à son père, qu'après une longue maladie, sa femme avait succombé; que le veuvage lui pesait; qu'il s'ennuyait de sa solitude; qu'enfin, il avait besoin de se remarier.

Le mariage se fit donc, mais il ne fut pas plus heureux que le premier. Rosenn-Mayer renouvella sur sa seconde femme les mauvais traitements dont la première avait eu à souffrir; bientôt même il installa au domicile commun une maîtresse qu'il s'était faite, et il força même sa femme à habiter avec elle.

Ce fut alors que Françoise Convert arriva à

Paris. Un jour, passant aux Champs-Élysées, elle fut instruite de la position de son mari, non pas cependant du deuxième mariage qu'il avait contracté, mais des relations qu'il entretenait avec les deux femmes qui habitaient avec lui. Elle se présenta à son domicile avec leur enfant dont elle ne pouvait plus prendre soin. Ce fut alors que Rosenn-Mayer apprit à sa femme sa véritable situation et lui dit qu'il était marié avec la demoiselle Pierre-Paul.

Pendant que la femme Rosenn-Mayer délibérait sur le parti qui lui restait à prendre, son mari, sans doute effrayé, se décida à quitter la France et partit pour la Suisse avec sa seconde femme et sa maîtresse. Il y a même cette circonstance remarquable, que la maîtresse et le mari firent la route en voiture jusqu'à Langres, tandis que la femme fut obligée de faire ce trajet à pied.

Rosenn-Mayer ne fit pas un long séjour en Suisse; bientôt il revint en France après avoir abandonné sa deuxième femme, et fut rejoindre à Besançon sa maîtresse qui l'y attendait; mais là, l'autorité ayant été avertie, il ne tarda pas à être arrêté.

Après la lecture de l'acte d'accusation, M. le président procède à l'interrogatoire de l'accusé.

D. Le 3 mai 1826, vous vous êtes marié devant l'officier de l'état civil de la commune d'Apremont avec une fille nommée Jeanne-Françoise Convert? — R. Oui, Monsieur, j'avais alors dix-huit ans.

D. Il paraît que vous étiez loin de rendre votre femme heureuse; vous la maltraitiez souvent, et enfin, poussée à bout, elle fut réduite à fuir votre domicile? — R. C'est elle qui, par sa mauvaise conduite, m'avait exaspéré : elle avait des amants.

D. Prenez garde à ce que vous dites. Ne me forcez pas à vous rappeler qu'aux termes de l'accusation, c'est vous qui l'excitiez à la débauche, et que vous avez à vous reprocher la prostitution où elle est tombée. — R. Si elle a mal fini, c'est après notre séparation, quand elle s'en est allée avec un militaire.

D. Est-ce que vous étiez séparés judiciairement? — R. Oui, monsieur; la séparation a été prononcée à Dijon.

D. Mais l'instruction ne dit rien de cette circonstance? — R. Cependant, nous étions bien séparés.

D. C'est ce que nous examinerons dans un instant. Quoiqu'il en soit, cela ne vous donnait pas le droit de vous marier de nouveau, le 11 février 1834, à Paris, devant l'officier de l'état civil du 11e arrondissement. — R. Ce fut mon erreur.

D. Comment! votre erreur! Mais c'est tout au plus si, en Turquie, on procède de cette manière. Pensez-vous nous faire croire que, dans votre esprit, la séparation vaut le divorce, et quelqu'un ignore-t-il en France que le divorce n'existe plus? — R. Je n'y regardais pas de si près.

D. Cependant, la polygamie est un cas assez grave pour qu'on se donne la peine d'y regarder, et de tous les crimes que nous avons à juger, c'est certainement le plus rare. Comment s'appelait la femme dont vous aviez surpris la main? — R. Adélaïde Pierre-Paul.

D. Lui avez-vous dit que vous étiez marié? — R. Non, monsieur.

D. Il ne paraît pas qu'avec celle-ci votre conduite ait été meilleure qu'avec la première, c'est-à-dire avec votre femme légitime. — R. Oh! bien au contraire, celle-là n'était pas malheureuse.

D. N'avez-vous pas cependant introduit dans votre ménage, avec elle, une autre concubine nommée Malte? — R. Oui monsieur.

D. Vous le voyez, la débauche était un besoin de votre triste nature, car, non content de vivre en état de bigamie, vous aviez encore associé à votre existence cette troisième créature. Aviez-vous des enfants de votre femme légitime? — R. Oui, monsieur, un seul.

D. Et de la seconde? — R. Deux.

D. Et de la troisième? — R. Cinq. (Mouvement.)

Après cet interrogatoire, on introduit Françoise Convert, femme de l'accusé. Tous les regards se portent sur elle avec avidité : c'est une jeune femme dont la tournure est assez distinguée et l'air profondément attristé. Sa toilette est des plus modestes. Devant la cour, elle chancelle et fait sa déposition sans oser porter ses regards sur l'accusé.

M. le président. Est-ce que vous êtes séparée judiciairement de votre mari?

Le témoin. Oui, monsieur, c'est moi qui l'ai demandé.

D. C'est devant le tribunal de Dijon? —

R. C'est à Dijon, mais non pas devant le tribunal.

D. Mais, alors, devant qui? — R. Devant un monsieur qui nous a fait signer un papier, et nous nous sommes crus séparés. Je pense que c'était le juge de paix.

D. Mais un juge de paix ne peut pas prononcer une séparation de corps. Cet inconnu avait-il un costume particulier? — R. Non, monsieur, c'était un monsieur. (On rit.)

M. le président. Nous ne voyons dans les pièces de l'instruction aucune trace de cet acte, quel qu'il soit, que l'accusé aurait signé conjointement avec sa femme.

M° Madier de Montjau. Nous avons partagé l'étonnement de M. le président, car, enfin, cette pièce, n'importe sa nature, pouvait être précieuse pour la défense.

M. le président. Si la défense estime que des recherches soient nécessaires pour arriver à la découverte de cette pièce, la Cour pourrait renvoyer l'affaire à une autre session.

M. l'avocat-général déclare qu'il ne voit pas la nécessité d'un renvoi, et le défenseur se joint au ministère public pour qu'il soit passé outre aux débats.

La Cour rend un arrêt dans ce sens.

Le témoin termine sa déposition avec une émotion extrême. Il déclare que c'est d'après ses révélations que la fille Pierre-Paul apprit qu'elle avait été trompée par celui qu'elle croyait son mari; de là les poursuites qui furent dirigées contre l'accusé.

A peine la femme Mayer est-elle revenue à

son banc, qu'elle se trouve mal et tombe évanouie.

On introduit ensuite la fille Adélaïde Pierre-
Paul. Un mouvement d'intérêt se manifeste à
son entrée ; elle dépose ainsi, d'une voix émue
et triste : Quand je consentis à me marier avec
Mayer, j'étais loin de me douter qu'il eût déjà
une femme. Quand je sus ce malheur, je fus
la première à lui conseiller de fuir, et je partis
avec lui pour la Suisse.

M. le président. N'emmeniez-vous pas avec
vous l'enfant qu'il avait eu de sa première
femme ? — R. Oui, mais à Langres, il le confia
à l'un de ses parents.

D. N'emmenait-il pas aussi la fille Malte,
qu'il vous avait forcée de recevoir dans votre
intérieur, et qui était alors enceinte ? — R. Oui,
monsieur.

D. Une fois en Suisse, qu'avez-vous fait ? —
R. Nous étions dans le canton de Neufchâtel.
Au bout de quelque temps, Malte nous quitta,
et quinze jours après, mon mari fut la rejoindre à Besançon, me laissant, moi, dans la misère.

D. Lui aviez-vous apporté une dot en mariage ? — R. Non, monsieur, mais j'avais hé-
rité de 6,000 fr., qui ont été dissipés.

Après sa déposition, la fille Pierre-Paul va
s'asseoir au fond de l'auditoire à côté de Françoise Convert, et tout le monde voit avec le
plus vif intérêt ces deux femmes, au lieu de se
haïr, s'entretenir en pleurant de leurs douleurs
communes.

On entend ensuite le père du précédent té-

moin et quelques autres témoins, qui confir-
ment les charges de l'accusation, mais dont la
déposition n'offre aucun intérêt.

M. l'avocat-général DE THORIGNY soutient
l'accusation, en insistant avec énergie sur le
côté odieux et anti-social du crime imputé à
l'accusé.

Mᵉ MADIER DE MONTJAU présente ensuite la
défense de l'accusé. Après s'être attaché d'a-
bord à justifier son client des reproches adres-
sés à sa moralité à l'époque de son premier et
de son second mariage, il s'efforce ensuite de
démontrer qu'aucun intérêt n'a pu le déterminer à commettre sciemment le crime qui lui
est imputé. Instruit de la pauvreté d'Adélaïde
Pierre-Paul, il ne pouvait convoiter une fortune qu'il ne savait pas exister. Amant heureux de cette jeune fille avant de l'épouser, il
ne cherchait pas dans le mariage un moyen de
satisfaire une passion déréglée. Sa seule pensée, sa seule intention fut de réparer par une
union qu'il croyait permise le tort fait par lui
à sa réputation.

Mais cette intention, morale en soi, ne sau-
rait le justifier s'il avait volontairement violé
la loi. La question est donc de savoir s'il a pu
de bonne foi se croire dégagé des liens d'un
premier mariage et autorisé à en contracter
un second.

Examinant cette question, le défenseur soutient que si l'ignorance de la loi n'est pas sup-
posée, elle peut être au moins admise dans
certains cas et pour certaines lois.

De ce nombre est la disposition pénale qui

interdit un second mariage tant que le premier n'est pas dissous par la mort. La législation sur le divorce, longtemps en vigueur, la proposition faite en 1830 de la rétablir dans nos Codes, ont pu faire penser à certains esprits faibles et ignorants qu'une séparation judiciaire autorisait une nouvelle union. Cette séparation, l'accusé l'a crue définitivement prononcée par l'acte dont il a été parlé dans les débats ; sa bonne foi est donc constante.

Enfin, Mᵉ Madier de Montjau, pour prouver que son client n'est pas tombé si bas que le prétend l'accusation, termine sa plaidoirie par la lecture de la lettre suivante, adressée à l'accusé par sa seconde femme, pendant le cours de l'instruction :

» Mon pauvre ami,

» J'ai obtenu une permission.... Je t'aimais » tant, et toi aussi, je pense, car ce n'est que » par amitié que tu as commis cette faute, que » les lois puniss si severement.... Comme » nous étions heureux ! Je n'ose penser à ce » temps là ; j'éprouve trop de regrets ! Oui, » nous n'aurions jamais du nous quitter... Au » moins, si nous avions quelquefois des que- » relle, comme dans tous les menage, il ni » avait pas d'inconduite. Après cela, moi » même je ne suis pas toujours très bonne. Il » me manquait de l'expérience, ayant été ha- » bitué chez mes parents à faire à peut près » mes volonté. Je ne pensais pas qu'en pre- » nant un mari, je prenais un maitre. Nos dis- » putes, cependant, n'étaient pas *conséquente* ;

» si tu te le rappelle, souvent nous ne savions
» pas même pourquoi...

» Je pense que tes juge auront égard a ton
» peut de connaissance des loi, car je sais, moi,
» que tu ny connais pas grand chose. Tu pen-
» sais être suffisamment séparé de ta première
» femme par le jugement de Dijon. pour pou-
» voir contracter une autre union. Prend cou-
» rage; né te laisse pas aller au desespoir.
» Pense à tes enfans; ils ne te mepriseront ja-
» mais, eux. Tous les jours, il prie Dieu pour
» toi, car cest pour leur mère que tu es si
» malheureux. Je vois bien maintenant ce qui
» ta porté a une si mauvaise action, selon le
» monde; tu m'avais donné ta parole dhon-
» neur de mépouser, et moi jai eu la faiblesse
» de me laisser séduire. Tu as voulu reparer
» mon honneur, javais ta parole; tu las repa-
» rée au prix du tients, et la loix te puniras.
» Mais si tu meut laissé et abandonnée, tu
» n'aurais pas été punis. Que cette pensée me
» fait mal! Si tu me leut dit avant de nous
» marié, je ne laurais pas souffert, comme tu
» le pense. Nous sommes nés tous les deux
» pour etre malheureux toute notre vie, car
» moi, quel est maintenant mon existence. Le
» père de mes enfant, le seul au monde que
» jai aimée et que j'aime encore malgré moi,
» car cest dans ladversité que je sent combien
» je laime encore. Souffrons donc avec pa-
» tience; plus tard, peut etre qu'un jours nous
» seronts plus heureux. Tes enfants tembrasse
» de tout leur cœur. Joseph a de suite reconnu
» ton portrait que tu mas envoyé; il est par-

» faitement ressemblant. Si javais le moyen de
» faire faire celui de Joseph, ce serait le tien
» que je te rendrait, car il te ressemble beau-
» coup; mais je suis trop pauvre.

» Adieu. Je vais te voir dans une couple
» d'heures.

» Patience et courage.

» A. PAUL, femme ROSEN. »

M. le président résume les débats, et les jurés, après une très courte délibération, rapportent un verdict de culpabilité, en admettant, toutefois, les circonstances atténuantes.

En conséquence, Joseph Rosenn-Mayer est
condamné à cinq ans de réclusion, mais sans
exposition.

Il se retire visiblement satisfait de ce résultat.

POLICE CORRECTIONNELLE.

AFFAIRE GAYANT ET BOUCHER.

Adultère.

Le mauvais plaisant qui le premier s'avisa de lancer contre la gent épicière ces quolibets qui, depuis longtemps, défraient les théâtres et les farceurs de société, le mal avisé qui mit cette classe intéressante du commerce au ban de l'esprit et de l'intelligence, ne se doutait sans doute guère que son étrange et injuste ostracisme pourrait un jour être pris au sérieux, et que la femme même d'un épicier dans son superbe dédain pour l'état de son mari, viendrait lui donner ce que l'on appelle communément *le coup de grâce*. Une affaire d'adultère soumise, il y a quelques jours, à l'appréciation de la police correctionnelle (6ᵉ Chambre) est cependant venue en apporter la preuve.

M. Gayant, marchand épicier, épousa, il y a environ sept ans, une jeune personne assez bien élevée, raisonnablement jolie, et qui, malheureusement dans ses rêves de jeune fille avait pressenti un autre bonheur que celui de découper du fromage de Gruyère, peser du sel ou du poivre, ou confectionner des cornets de mélasse ou de raisiné dans une boutique du quartier de la place Maubert. Madame Gayant souffrait impatiemment le séjour du comptoir ;

elle ne pouvait pas s'habituer à cette toilette modeste qui était celle de sa nouvelle condition ; elle portait des robes et des bonnets dont on jasait dans le quartier ; on la trouvait trop élégante, trop manièrée, trop hautaine ; et les domestiques femelles qui peuvent, à leur gré, amener la prospérité ou la ruine d'un détaillant, allaient faire leurs provisions chez un rival du sieur Gayant. De là déficit dans les recettes de l'épicier, de là mauvaise humeur du mari, de là scènes conjugales, de là séparation volontaire entre les époux.

M. Gayant voulait bien ne plus demeurer avec sa femme, qui était retournée vivre chez ses père et mère, mais il avait l'honneur de son nom à faire respecter, et il ne voulait pas qu'on pût se moquer de lui ou le montrer au doigt. Ayant donc appris par quelques-uns de ces amis charitables qui ne sont jamais plus heureux que quand ils vous annoncent une mauvaise nouvelle, que sa femme brouillée avec ses parents, chez qui elle avait cessé de demeurer, passait pour écouter les doux propos d'un sieur Boucher étudiant en droit, il se mit aux aguets et bientôt sûr de son fait, il fit constater le flagrant délit par un procès-verbal du commissaire de police, en bonne et due forme.

A l'audience, il s'est passé ce qui se passe dans toutes les affaires de ce genre : «J'ai beaucoup à me plaindre de ma femme, dit le mari, — j'ai horriblement à me plaindre de mon mari, dit la femme. — C'est une coquette qui ne s'occupait pas de son ménage. — C'est un brutal qui me rendait esclave. — Elle allait sans cesse au spectacle et me laissait tout le poids des affaires. Il sortait toute la journée et m'abandonnait le tracas du détail, — Elle me répondait insolemment — Il me battait, l'infâme !.. »

Du reste, aveu complet de la faute qu'elle fait retomber tout entière sur la conduite du mari. L'étudiant en droit imite la franchise de sa complice et en présence du procès-verbal, il était d'ailleurs impossible de faire autrement, seulement il prétend qu'au début de l'intrigue il ignorait la qualité de femme mariée de l'épicière ; elle portait, dit-il, son nom de demoiselle. »

M le Président à la prévenue. — Dans une lettre écrite depuis votre fuite du domicile conjugal et à l'occasion de reproche que vous adressait déjà votre mari, vous vous exprimiez ainsi : « Quand on aime ses enfants, on respecte leur mère ; quand on aime les branches, on respecte l'arbre. » Et pourtant à cette même époque, vous aviez déjà tout effacé du mariage, jusqu'au nom de votre mari, que vous ne portiez plus. Au reste, voilà où conduisent toutes ces séparations volontaires, et ce que nous ne concevons pas, c'est que les parents, au lieu de s'y opposer, semblent au contraire les encourager. Tout cela n'est pas honorable.....

M. Digard, avocat, présente quelques considérations en faveur du mari qui se porte partie civile contre le sieur Boucher et conclut en 1,000 fr. de dommages-intérêts.

M. L'avocat du Roi *Dupaty* conclut à la condamnation des deux prévenus.

M° *Auguste Rivière* plaide pour la dame Gayant et M° *Madier de Montjau* pour le sieur Boucher.

Le tribunal condamne la dame Gayant en trois mois de prison et le sieur Boucher en un mois de la même peine et en 100 fr. d'amende, dit, au surplus, qu'il n'y a lieu d'accorder les dommages-intérêts demandés.

Gravin contre Harbantane.

Les Mystères de Paris.

Certes, les *Mystères de Paris* ont obtenu un grand succès ; ils ont eu cinq ou six éditions en France, et l'Angleterre et l'Allemagne en publient des traductions multipliées. Mais ce livre n'a nulle part mieux réussi, à ce qu'il paraît, que dans une petite ville des environs de Paris, que l'on appelle Coulommiers. M. Jules Gravin est habitant de ladite cité. Il a lu au moins vingt fois, pour sa part, l'ouvrage de M. Eugène Sue. Il en a plusieurs exemplaires dans sa bibliothèque, et il a fait fabriquer un chapeau-tromblon ou chapeau-Pipelet qu'il a mis sous verre dans son cabinet.

Ce n'est pas tout : M. Jules s'est tellement inspiré des pages de son livre favori, qu'un beau matin il lui a pris envie de suivre l'exemple du prince Rodolphe. Il a quitté Coulom-

miers, est arrivé à Paris revêtu du costume
classique des Rodolphe, quand ils sont en
course, et s'est mis à fréquenter la Cité. Ce
qu'il en est advenu, vous allez le savoir, car
M. Jules Gravin fait aujourd'hui acte de présence en police correctionnelle, non pas comme
prévenu, il est vrai, mais comme partie plai-
gnante. Il a fait citer le nommé Barbantane,
ouvrier tanneur. Il lui reproche de s'être permis des voies de fait à son égard.

Barbantane est un gaillard de six pieds; il
pose sur la barre une main d'une ampleur for-
midable, et, comme Atlas, il pourrait porter le
monde sur ses larges épaules.

M. Jules n'est pas d'un aspect aussi redoutable : il est petit, grêle, et porte sous ses longs
cheveux blonds une physionomie tout à fait
romantique: enfin, il n'a pas du tout le
physique de l'emploi, et nous le croyons tout à
fait incapable d'appliquer de main de maître
les fameux coups de poing festonnés de la fin.

Il n'a pas jugé à propos, et il a eu raison, de
conserver devant le tribunal son costume de la
Cité. Il est très élégamment vêtu : il porte des
gants jaunes, un gilet irréprochable et un ha-
bit qui sort des ateliers de Zang ou de Staub.

M. le président invite M. Jules Gravin à développer les faits de la plainte.

M. Jules. Messieurs, j'ai vingt-cinq mille li-
vres de rente; je suis garçon. Je puis me passer mes fantaisies.

Le prévenu. Qué qu' ça nous fait?

M. Jules. Chourineur, laissez-moi parler!...

Le prévenu, se levant. Chourineur!.. encore

son mot!.. Eh! dites donc, vous... chourineur... je ne connais pas ça ; mais, je vous l'ai
déjà dit, ça ne doit pas être du propre....

Les gardes municipaux ont toutes les peines
du monde à calmer Barbantane.

M. Jules. Bref, je vins à Paris pour faire quelques bonnes actions, et j'allai droit à la rue aux
Fèves.

Le prévenu. Oui, et même que vous êtes entré dans le cabaret de la mère Bataille avec vos
bottes vernies, votre blouse toute neuve et votre casquette de velours, dans le dernier genre,
et que ça nous a fait à tous un drôle d'effet....
C'était un vrai carnaval.

M. Jules. Je m'approche du comptoir.

Le prévenu. Et vous appelez madame Bataille
la mère Ponisse... un vilain nom... et vous lui
demandez combien on a arrêté d'assassins chez
elle depuis huit jours... Madame Bataille! la
plus brave femme du monde, qui ne reçoit
chez elle que de braves gens... Et vous croyez
donc que ça a dû la mettre de bonne humeur?

M. Jules. Une jeune fille était assise à une
table...

Le prévenu. Marie, la fille de Mme Bataille,
une bonne et honnête jeunesse, qui va épouser
dans huit jours mon neveu Clément.

M. Jules. Je prends place à côté d'elle....

Le prévenu. Et vous l'appelez *gouailleuse*...
En voilà encore du nanan!

M. Jules, frappant du pied. Ce malheureux
ne comprend rien... il ne comprend rien!

Le prévenu. Et vous lui dites que vous voulez la r'habiller...

M. Jules. La réhabiliter, malheureux! la réhabiliter!... c'est bien différent!

Le prévenu. Enfin, tout ça, ce n'était pas caressant. Pour combler la chose, monsieur s'approche de moi et me dit, en me saluant de la vilaine enseigne de tout à l'heure...

M. Jules. Chourineur...

Le prévenu. C'est ça... Chourineur. Il me dit donc : « Brave homme, tu as dû commettre bien des crimes! » Je m'ébouriffe, et il continue : « Raconte-moi tes scélératesses, sans en passer une seule, et je te r'habillerai. »

M. Jules. Réhabiliterai, malheureux! réhabiliterai.

Le prévenu. Et puis : « Tu as dû abattre bien des hommes et des sergents dans ta vie... *Jaspine-moi* tout ça, et je t'achèterai peut-être une boutique de boucher à l'Ile-d'Adam ou une ferme en Algérie. » Ma foi! la moutarde me travaillait le nez depuis longtemps.... J'avoue que j'ai un peu bousculé monsieur.

M. Jules. Vous appelez cela bousculé... une grêle de coups de pied perlés et de coups de poing magnifiques... Oh! il y en avait un surtout... un qui m'est arrivé sous l'œil gauche... quel coup de poing! Vous me l'apprendrez, hein, monsieur?

Le prévenu. Ah ça! il a perdu la boule, ce cadet-là.

Barbantane n'est condamné qu'à 5 fr. d'amende.

M. Jules. Je paierai votre amende, monsieur... et les frais aussi ; mais vous m'apprendrez le coup de poing de l'œil gauche.

Barbantane. Voulez-vous bien me laisser tranquille ?

Affaire Défontaine.

Cadet-Roussel et Abd-el-Kader.

Il y a une haine personnelle entre le jeune Louis Roussel, dit Cadet-Roussel, et Abd-el-Kader, le boule-dogue de M. Défontaine, marchand de vin à Clichy–la–Garenne.

Il paraît que Cadet–Roussel donna un coup de pied au chien un jour que, par extraordinaire, il état attaché, muselé, et, par conséquent, sans défense, le chien oublia d'autant moins cette injure qu'il n'est pas d'un naturel très accommodant, et que sa méchanceté l'a rendu fort redoutable à une lieue à la ronde. Cadet-Roussel s'était rendu ce jour là l'agent des inimitiés générales : il devait bientôt s'en repentir.

Le maître d'Abd–el–Kader, qui connaît les instincts passablement farouches de son chien, avait le tort de le laisser trop souvent en liberté, et de lui donner la permission de vaguer comme un King'sCharles rentier, comme le roquet le plus inoffensif du monde, par les rues et carrefours de Clichy.

Depuis le jour où Abd–el–Kader, enchaîné, s'était vu exposé aux outrages de Cadet–Roussel, il ne pouvait le rencontrer sur sa route sans éprouver un désir très vif de se jeter sur lui, désir qu'en vrai sultan il satisfaisait du reste sur-le-champ. Aussi Cadet-Roussel, quand il le voyait venir d'un côté, se mettait à fuir de l'autre. Mais il faut avoir de bonnes jambes pour échapper à Abd-el-Kader. Cadet-Roussel fut plusieurs fois victime de la supériorité de la course de son ennemi sur la sienne. Un jour il laissa à la bataille un morceau de sa blouse, l'autre jour sa casquette neuve, une autre fois le fond de sa culotte.

Jusque là il n'y avait pas grand mal; tant que sa peau n'était pas entamée, Cadet-Roussel ne se plaignait pas : il subissait patiemment les représailles d'Ad-el-Kader.

Mais l'avenir lui réservait des soucis cuisants.

La semaine dernière, revenant de l'école, il cheminait gaîment, alléché par l'odeur de la soupe qui l'attendait à la maison, lorsqu'il voit tout à coup se dresser devant lui l'ombre colossale et menaçante d'Abd-el-Kader. Le maudit chien, qui est aussi rusé que méchant, s'était placé derrière un mur et attendait là le passage de l'enfant.

Il n'en fit qu'une bouchée. Il le mordit au bras, au ventre, et mit en morceaux sa ceinture de cuir. Si on n'était pas venu le tirer de ses pattes, peut-être lui aurait-il fait un très mauvais parti.

Cadet-Roussel fut obligé de garder la chambre pendant plusieurs jours; et ce qui l'affligea le plus, c'est qu'il fut mis à la diète.

M. Défontaine propriétaire du chien, com-

paraissait aujourd'hui en police correctionnelle (7ᵉ Chambre). Heureusement il n'avait
pas son chien avec lui; sans cela Cadet-Roussel ne serait probablement pas venu déposer.

— Le chien vous en voulait donc? dit M. le
président Pinondel à l'enfant; vous lui aviez
donc fait du mal?

Cadet Roussel. Moi! jamais... il était d'un
mauvais caractère; voilà tout.

Cadet Roussel ôte sa veste, et montre au tribunal son bras, qui porte la trace de mor-
sures très profondes.

M. Mignonet, boulanger. Je ne sais pas trop
pourquoi l'on m'a cité... C'est égal, j'en ai long
à dire.

M le président. Le chien du prévenu n'est-
il pas fort redouté dans la commune?

Le témoin. Dam! il faut avouer qu'il n'est
pas des plus sociables... Et comme M. Défontaine, qui a été quelque chose dans l'administration du pays, et qui est avec les adjoints
comme les dix doigts de la main, *s'ostinait* à
ne pas se débarrasser de son Kader, v'là qu'on
s'est mis dans la tête d'empoisonner tous les
chiens du pays pour faire filer cette vilaine
bête, mais Kader, qui est cousu de malice, n'a
pas été assez *gniole* pour avaler la chose...

C'est mon chien de Terre-Neuve, un imbé-
cile fini, qui a soufflé au moins deux pilules
pour son compte, et qui a descendu la garde...
Il n'a pas été seul... Il y a eu cinquante-cinq
chiens de la commune qui ont sauté le pas
dans le même jour... Un vrai massacre des in-
nocents!... Une bataille d'Austerlitz!...

M. le président. Prévenu, puisque votre chien était si dangereux, pourquoi vous entêtiez-vous à ne pas le faire abattre?

Le prévenu. Je ne l'ai plus.

— Il est abattu?

— Non... Je l'ai donné à l'un de mes amis de Montmorency.

Mignonet. Un joli cadeau que vous lui avez fait là...

Défontaine. Vous d'abord, Mignonet, vous n'avez jamais pu cadrer avec mon chien...

Mignonet. Avec çà que c'était un charmant sujet, votre chien : parlons-en.

Il a mordu le fils Rabat, la petite Triqueris, la vieille Balotte... et tant d'autres... Il a mordu jusqu'à un curé... oui, notre curé... même que vous lui aviez promis, à ce brave M. Duchâtelier, de tuer votre chien, et que vous n'y avez pas seulement songé.

M. Défontaine est condamné à 50 fr. d'amende et 80 fr. de dommages et intérêts envers Cadet Roussel.

Cadet Roussel est bon enfant. Nous l'engageons à aller faire sa paix avec Abd-el-Kader. Car enfin, il peut aller un de ces dimanches faire une promenade à Montmorency, et cette affaire aurait encore pour lui des suites désagréables. Son ennemi a prouvé que ses rancunes duraient longtemps, et le résultat du procès le fera sans doute grincer des dents.

TRIBUNAL CIVIL DE LA SEINE.

4e CHAMBRE.

PRÉSIDENCE DE M. THOMASSY.

Audience du 22 février 1844.

AFFAIRE BERNET.

Demande en séparation de corps.

Au mois de septembre 1842, M. Bernet, négociant, demeurant à Paris, épousa Mlle Elisa Pingard qui vivait dans une ville de province. Cette union fut célébrée sous les plus heureux auspices. Les époux étaient jeunes, bien élevés, d'une fortune suffisante, et de plus ils semblaient s'aimer tendrement. Après la célébration du mariage, le mari s'empressa de faire à sa jeune femme les honneurs de la grande ville qu'elle venait habiter; il la conduisit aux théâtres et dans tous les lieux qui pouvaient avoir de l'attrait pour elle. Madame Bernet, de son côté, répondait à toutes les complaisances de son mari par les témoignages de la plus vive affection. Un an s'écoula ainsi dans la plus douce harmonie, M. Bernet se croyait au comble du bonheur, lorsque tout à coup une triste découverte vint dissiper les douces illusions dont il se berçait.

Un jour, les deux époux étaient allés passer la soirée au théâtre de la Gaîté. A la fin du spec-

9

tacle, M. Bernet venait de donner à sa femme
son chapeau qu'elle avait ôté et plaçait sur ses
épaules le châle que l'ouvreuse venait de lui
remettre. Mais quelle fut sa surprise, lorsqu'il
aperçut sous le châle un papier qui s'y trouvait fixé à l'aide d'une épingle. A cette vue,
profondément ému, M. Bernet sut toutefois se
contenir et cacher ce qu'il éprouvait, et se
contentant de détacher le papier sans que sa
femme s'en aperçût, il le prit et le mit dans
sa poche, puis, sans rien dire de la découverte
qu'il venait de faire, il rentra chez lui, et dès
qu'il fut seul, il ouvrit et lut la lettre suivante :

« Chère amie ,

» Tu es vraiment trop bonne ; je n'osais pas
espérer ce que tu as fait, et pourtant quelque
chose me disait que tu viendrais. Aussi n'é-
tais-je pas tranquille pendant le déjeuner ; mes
yeux étaient toujours portés sur le boulevart,
et aussitôt que je t'ai apperçue, j'ai laissé mon
convive, et j'ai couru vers toi. Demain, je dois
voir la personne au sujet de l'appartement, et
si tout va au gré de mes désirs, mardi ou mercredi, je pourrai te recevoir autre part que
chez moi, t'exprimer toute ma joie et me faire
pardonner la peine que j'ai pu te faire.
   » Pendant ton voyage, il y aura peut-être
quelques changements, et je verrai à organiser
un moyen de nous voir ensemble lors de ton
retour. »
   » Je t'écrirai demain si je peux avoir une
réponse de la personne en question pour te

donner un rendez-vous. Mon frère entre chez moi à l'instant ; il m'empêche de continuer mon entretien avec toi, douce amie, mais je suis consolé en pensant que je vais te voir ce soir.

» Ton tout dévoué pour la vie,

» EDOUARD. »

A cette lecture, M. Bernet ne pouvait douter de son malheur. Toutefois, pour mieux s'en convaincre, il résolut de garder le silence et de surveiller toutes les démarches de sa femme. La preuve qu'il recherchait ne se fit pas longtemps attendre. En effet, quelques jours après, Mme Bernet sortit de chez elle ; son mari la suivit de loin sans être aperçu, et bientôt sur le boulevart Bourdon, il la vit prendre le bras d'un jeune homme qui paraissait l'attendre. Aussitôt M. Bernet, furieux, s'élança vers eux, souffleta le jeune homme en lui disant : « A demain ! » Puis, arrachant sa femme de son bras, il la fit monter dans une voiture et la ramena chez lui. Arrivé là, le mari intima à sa femme l'ordre de quitter à l'instant même le domicile conjugal où elle n'était plus digne de rester et de se retirer chez sa mère. Celle-ci obéit sans murmurer à la volonté de son mari.

Le lendemain de cette séparation, M. Bernet reçut la lettre que nous transcrivons :

« Monsieur,

» Je vous ai vainement attendu toute la journée d'aujourd'hui samedi. M'ayant vous-même prévenu hier de votre visite pour le lendemain, j'ai été étonné de ne pas vous voir, car vous devez avoir besoin d'explications, explications, du reste, que je vais vous donner brièvement.

» Il est vrai, Monsieur, que tout doit vous porter à mal juger ; mais il est de mon devoir de vous faire revenir de cette erreur au sujet de votre femme. Si vous m'avez rencontré hier avec elle, c'est la conséquence de la lettre que vous possédez ; la crainte de cette lettre entre vos mains a suscité à madame ce rendez-vous bien inoffensif, pour me demander quelle était la nouvelle imprudence que j'avais pu commettre, car elle m'avait déjà reproché de la tutoyer. »

» Il n'y a dans toute la conduite de votre femme que légèreté et rien autre qui puisse toucher à votre honneur. Le plus fautif, à vos yeux, bien entendu, c'est moi ; mais, d'un autre côté, vous l'avez été beaucoup à mon égard, attendu qu'il faut dans tout de la modération et avoir des preuves, (je vous dis cela comme principe et pour votre gouverne), car ma lettre n'implique pas la culpabilité, ou du moins, ce ne serait que moi qui aurait à supporter les conséquences de ma trop grande présomption, en voulant par la crainte abuser de ce que vous avez de plus cher.

» Je crois donc ne devoir attribuer votre manière d'agir qu'à l'emportement où vous pouviez être ; cette circonstance, réunie avec la position où je me suis mis au vis à vis de vous, me déterminent à me borner à vous dire que si cette lettre ne vous suffisait pas, je suis toujours, comme je vous l'ai déjà dit, à votre entière disposition.

» Je vous salue,

» ÉDOUARD. »

A la lecture de cette lettre maladroite et embarrassée, M. Bernet demeura plus que convaincu de la culpabilité de sa femme et résolut alors de se séparer d'elle pour jamais. Mais celle-ci, ignorant ses dispositions, maudissant sa faute, et confiante dans l'inépuisable indulgence des maris, fit auprès du sien une tentative de réconciliation, et lui écrivit en ces termes :

« Mon cher ami,

» C'est la plus coupable et la plus infâme des femmes qui t'écrit ; je sais à présent combien j'ai dû te faire souffrir, toi et les tiens. J'ai bien réfléchi à la position affreuse que je me suis faite, et n'ose pas croire que tu seras assez généreux pour me pardonner. Cependant, si cela était, si Dieu avait mis sur la terre un ange pour sauver une femme qui n'avait pas sa tête, oh ! alors, je te bénirais et passerais ma vie à réparer tout le mal que j'ai fait. Je suis jeune, j'ai du courage, car il en faut autant pour faire le mal comme pour faire le bien. Crois que c'est du plus profond de mon cœur que je t'écris, et que je préférerais n'importe quelle position à celle de rentrer dans une famille pour y commettre un nouveau crime. Je te jure d'avance que je me soumettrai à tout ce que je dois faire dans la maison ; ce sera le meilleur moyen de prouver que je tiens à toi et à tes parents.

» Si j'avais eu plus de confiance en ma mère, je lui aurais confié mes petits chagrins ; mais non, j'ai choisi des personnes étrangères qui m'ont perdue. Je n'ai plus d'espoir qu'en toi, mon cher ami ; sauve-moi, et je te jure que tu ne t'en repentiras jamais. Garde cette lettre comme la preuve de mes bonnes résolutions ; prie ta mère de me pardonner tous mes torts, et dis lui que si vous voulez, je redeviendrai une fille soumise.

» Elisa PINGARD. »

M. Bernet se montra inflexible ; profondément blessé par la faute de sa femme, il fut insensible à son repentir, et répondit à la lettre qu'elle lui avait écrite, à la tentative de réconciliation qu'elle avait faite par une demande en séparation de corps.

Me CAPIN, avocat de M. Bernet, après avoir exposé les faits que nous venons de raconter, a soutenu que les lettres ci-dessus citées contenaient la preuve complète de l'adultère de la dame Bernet.

Me CHÉRON, avocat de cette dame, a prétendu, au contraire, que la correspondance est loin d'établir que sa cliente ait manqué aussi essentiellement à la foi conjugale, et que tout au plus on peut y trouver des indices d'une légèreté coupable, il est vrai, mais non suffisante pour motiver une séparation de corps.

M. l'avocat du roi CAMUSAT DE BUSSEROLLES n'a pas partagé cette opinion ; il a conclu à l'admission de la demande du mari, et a requis contre la femme l'application de l'art. 308 du Code civil, qui prononce la peine de trois mois à deux ans d'emprisonnement contre la femme adultère.

Le tribunal, considérant que si les faits articulés par le sieur Bernet et la correspondance par lui produite n'établissent pas suffisamment que la femme se soit rendue coupable du délit d'adultère, il en résulte néanmoins qu'elle a entretenu des relations outrageantes constituant une faute grave envers son mari, a prononcé la séparation de corps contre la femme Bernet, et l'a condamnée en outre aux dépens.

ÉTATS-ROMAINS.

Un commissaire de police chef de voleurs.

Révocation du président de la Cour de cassation.

Voici un fait fort déplorable en lui-même, sans doute, mais qui mérite attention, parce qu'il sert à caractériser tout un système administratif et judiciaire. Conti, commissaire de police de Césène, vient de traverser, sur la fatale charrette, en se rendant au bagne d'An-

cône, les diverses villes de la Romagne où il
avait été précédemment employé. La population s'était portée en foule sur son passage, car
si le spectacle d'une escouade de carabiniers ac-
compagnant des condamnés est trop fréquent
pour attirer l'attention, la vue d'un commissaire, les menottes aux mains, était bien propre
à exciter la curiosité dans un pays où les fonctionnaires publics jouissent d'une sorte d'impunité légale au milieu des abus les plus
criants. Il fallait que le commissaire Conti eût
fait quelque chose d'énorme, d'inouï, pour que
le gouvernement se fût décidé à le frapper pu-
bliquement, à flétrir en sa personne un agent
de l'administration. La population se contenta
d'assister en silence au passage du prisonnier.

Césène, ville de 20,000 âmes, est le lieu le
plus mal famé de la Romagne, bien que le Sage
(Savio) baigne ses murs et inonde souvent son
territoire. Les beaux esprits de Rimini ou de
Forli ont composé sur leurs voisins une satire
qu'il ne nous est pas permis de citer, par respect pour les nymphes du Sage.

Depuis un an que Conti était commissaire
de police à Césène, le nombre des malfaiteurs,
et surtout des voleurs, augmentait prodigieu-
sement. Chaque jour ajoutait de nouveaux délits, et partant de nouvelles plaintes aux délits
et aux plaintes de la veille. Des ordres multi-
pliés arrivaient du chef-lieu. Le commissaire
était toujours sur pied; les sbires semblaient
redoubler d'activité, et cependant les prisons
étaient vides; les délinquants semblaient im-
palpables. Le légat rappelait bien de temps en

temps à Conti l'accomplissement de ses devoirs en style sévère; mais comme, au fond, le gouvernement trouvait son compte à un état de choses qui le dispensait de nourrir de nombreux détenus, le commissaire n'avait pas de peine à se justifier.

Cependant, un vol d'une audace extraordinaire ayant été commis au préjudice d'un négociant de cette ville, celui-ci alla faire sa déclaration au commissaire de police, en lui disant qu'il avait tout lieu de croire que ses pièces de soie et de drap se trouveraient dans un hameau voisin, où il était de notoriété publique que les voleurs avaient un dépôt général. Le commissaire se transporta au lieu indiqué, en compagnie de deux de ses agents. Il visita plusieurs maisons de chétive apparence, puis se dirigea vers la villa des époux Costelli. M. Costelli avait été compromis lors de la révolution de 1831, et rapprochant cette circonstance de cette autre, que des mouvements insurrectionnels s'étaient récemment manifestés, il pensa que c'était une perquisition ayant rapport à la politique qu'on venait faire chez lui.

Sûr de son innocence, il ne fit aucune opposition et se laissa enfermer dans une chambre avec toutes les personnes qui se trouvaient dans la maison. Le commissaire voulait faire ses perquisitions sans être dérangé. Plusieurs heures s'étaient écoulées, et M. Costelli n'entendant plus aucun bruit dans la villa, força la porte, qui avait été fermée sur lui, et parcourut sa maison. Le commissaire était parti.

Mais quelle ne fut pas la stupeur du malheureux visité, en reconnaissant que les meubles
avaient été forcés, et qu'on avait enlevé tout ce
qu'ils contenaient de précieux ! Il monta à che-
val et se rendit en toute hâte à Césène. Le
commissaire n'était pas encore de retour; il
l'attendit.

Ce ne fut que le lendemain que le magistrat
donna audience ; il accueillit le plaignant en
le félicitant de ce qu'aucun indice n'avait été
trouvé à sa charge. « Mais je suis volé! s'écria
celui-ci. Pendant que j'étais enfermé, ma maison a été mise au pillage. » Le commissaire
accueillit cette révélation avec beaucoup de
dignité, conseilla à M. Costelli de se défaire
d'une habitation située dans le canton le plus
exposé aux attaques des voleurs , et promit de
faire toutes les recherches possibles.

L'impunité finit toujours par conduire à
l'imprudence les malfaiteurs les plus expéri-
mentés. On sait que dans les villes d'Italie on
fait une grande consommation de charcuterie.
Or, depuis quelque temps, le plus fort charcutier de la ville n'enveloppait plus la mar-
chandise qu'il vendait que dans du papier provenant du bureau de police, et contenant des
dénonciations et autres actes de procédure. On
sut bientôt que le commissaire Conti avait fait
argent des archives de son bureau. Les procès-
verbaux, les rapports ne faisaient que traverser le bureau du commissaire et s'en allaient
tomber dans le panier du charcutier.

On a peine à concevoir une pareille folie. Le
cardinal-légat, informé du fait, ordonna l'ar-

restation du commissaire. Ce n'était plus là une de ces malversations sur lesquelles le gouvernement pût fermer les yeux. Une enquête eut lieu. Il résulta de témoignages irrécusables que non seulement Conti avait vendu les archives de la police, mais qu'il était associé aux bandes de voleurs qui infestaient la ville et les environs, et que plusieurs fois des visites domiciliaires, au nom de la loi, n'avaient été pour lui que des occasions de vols audacieux. Jugé sommairement, il fut extrait des prisons de Césène pour être conduit à Forli, où sa condamnation lui fut signifiée, et d'où il a été immédiatement dirigé sur le bagne d'Ancône.

Une autre destitution, au sommet de l'échelle judiciaire, a mis en émoi toute la cour pontificale. Il a fallu passer sur les vieux règlements, qui ne permettent pas de révoquer certains hauts fonctionnaires, sans qu'ils soient promus au cardinalat.

Le *decano* du Tribunal *de signatura* (président de la Cour de cassation), convaincu, entre autres, d'avoir rendu un jugement exécutoire de son chef privé, sans procédure ni débats, a été destitué et mis à la retraite avec une pension de 270 fr. par mois, pour sauver de la misère la dignité de prélat dont ce personnage est revêtu.

TABLE.

DES MATIÈRES.

PARIS. — Imprimerie de Lacour et Compagnie, Rue Saint-Hyacinthe-Saint-Michel, 33.

ACHAT VENTE ET ÉCHANGE

DE TOUTE ESPÈCE

DE LIVRES

Rue de la Harpe, 93.

LIBRAIRIE DU PASSAGE D'HARCOURT

—————⦿—————

NOUVEL ALMANACH DE SANTÉ
OU VÉRITABLE MÉDECINE SANS MÉDECIN,

Contenant la description des signes ou symptômes propres à reconnaître toutes les maladies, les causes sous l'influence desquelles elles se déclarent, ainsi que les moyens les plus simples et les plus faciles de s'en préserver ou de s'en guérir si on en était atteint; par M. PARENT-AUBERT, médecin de la Faculté de Paris.

Un vol. in-18 de 500 pages. Prix : **1 fr.**

PARIS — Imprimerie de LACOUR et Comp.
rue St.-Hyacinthe-St.-Michel, 33.

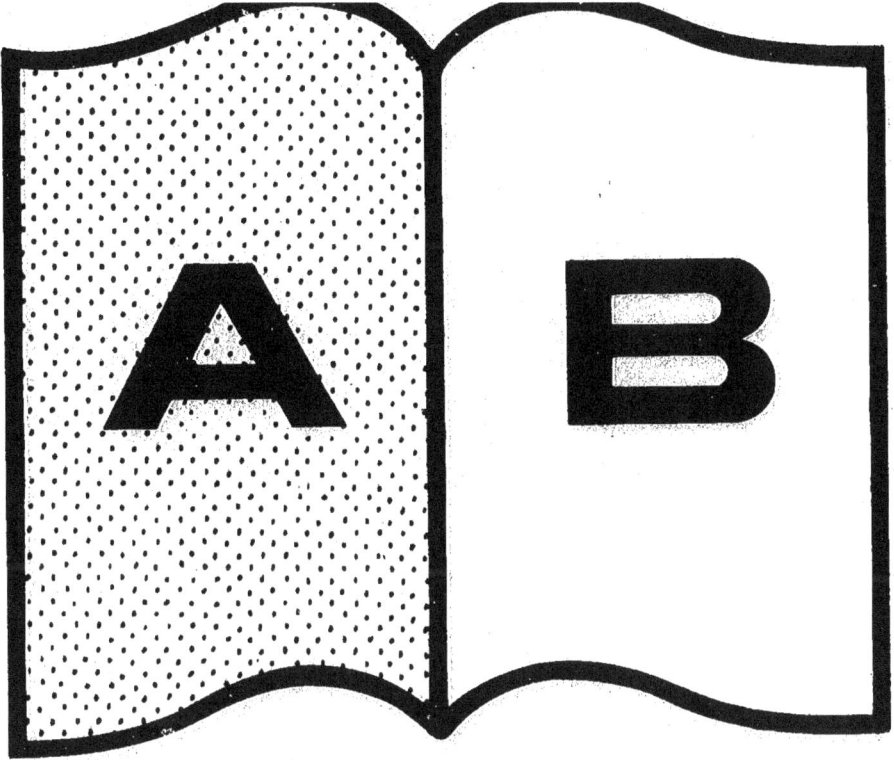

Contraste insuffisant

NF Z 43-120-14

www.ingramcontent.com/pod-product-compliance
Lightning Source LLC
Chambersburg PA
CBHW071457200326
41519CB00019B/5776